*ZHIYE JIAOYU*
*HANGKONG ZHUANYE GUIHUA JIAOCAI*

职业教育航空专业规划教材

# 空乘服务礼仪

职业教育航空专业教材编委会　编

主　　编：魏全斌　刘　桦　刘　忠

执行主编：曾远志　卞鲁萍

副 主 编：李　灵

编　　写：卞鲁萍　刘　洋　李　莉

四川教育出版社
·成都

**图书在版编目（CIP）数据**

空乘服务礼仪 / 刘桦等编. —成都：四川教育出版社，
2008.8（2017.2 重印）
职业教育航空专业规划教材
ISBN 978-7-5408-4954-2

Ⅰ.空…　Ⅱ.刘…　Ⅲ.民用航空-旅客运输-商业服务-
礼仪-职业教育-教材　Ⅳ.F560.9

中国版本图书馆 CIP 数据核字（2008）第 113874 号


策　　划　侯跃辉
责任编辑　林　立　刘　芳
封面设计　何一兵
版式设计　顾求实
责任校对　严道丽
责任印制　吴晓光
出版发行　四川教育出版社
　　　　　地　　址　成都市槐树街 2 号
　　　　　邮政编码　610031
　　　　　网　　址　www.chuanjiaoshe.com
印　　刷　四川机投印务有限公司
制　　作　四川胜翔数码印务设计有限公司
版　　次　2008 年 8 月第 1 版
印　　次　2017 年 2 月第 5 次印刷
成品规格　184mm×250mm
印　　张　9.5
定　　价　28.00 元

如发现印装质量问题，请与本社调换。电话：（028）86259359
营销电话：（028）86259605　邮购电话：（028）86259694
编辑部电话：（028）86259381

# 编委会

# 前言

　　"十五"期间,我国的国民经济保持了持续快速的增长,伴随产业的重组,我国民航业进入了第二个高速发展期,逐步呈现出迅猛发展的趋势。根据中国民航总局的规划,"十一五"期间我国民航机队规模将大幅度的增大。许多国外航空公司开辟了中国航线,对中国航空服务人才的需求也在不断增加。这些因素都使民航专业人才的需求呈现上升趋势。中国民航迎来了前所未有的发展机遇,但同时,中国民航业也面临着市场经济的严峻挑战和激烈竞争。在硬件技术差距越来越小的航空市场,市场的竞争也不再是单一的价格与技术的竞争,服务的竞争逐渐成为竞争的主要内容。航空服务成为决定航空企业服务质量与经济效益的一个极其重要的因素。只有拥有最完美服务的企业才是客户值得永远用行动和货币去支持的企业。只有让航空乘客满意,航空企业才能获得良好的发展。

　　民航业的快速、多样化发展,对航空服务人才的大量需求,使民航业人才培养的模式也从原来单一依靠民航系统院校培养,发展成为多层次的职业学校的培养模式。

　　为了贯彻"以就业为导向、以服务为宗旨"的职业教育办学方针,适应职业院校人才培养和素质教育的需要,同时适应中等职业学校课程设置要求,我们组织了一批在职业教育战线多年从事教学、研究工作的教师和行业的技术骨干编写了这套面向中等职业学校航空服务专业的教材。

　　我们编写的《空乘服务礼仪》教材,以空乘服务礼仪的基本规范和要求为主线,使学生全面、正确、深入地认识、理解空乘服务专业,树立良好的职业道德和服务意识,掌握空乘服务工作的特点、服务程序、服务方法及服务要求,了解服务中一些特殊情况和疑难问题的处理方法及空乘管理方面的基础知识,培养学生在空乘服务实际工作中的接待能力和分析问题、解决问题的能力,使学生掌握空乘服务的操作技能和技巧,成为具有较高综合素质的民航空中乘务员。教材的编写,力求体例新颖,在重视空乘服务礼仪规范的同时,结合学生实际和行业要求,有针对性地训练学生的空乘服务礼仪技能,注重教学实践环节,突出教材的可操作性、教法的灵活性,贴近社会,贴近行业,具有较强的时代感和鲜明的职教特色。本课程实践性较强,涉及的知识面较广。在教学中应注意吸收国内外空乘服务的经验和教训,紧密联系实际、突出重点、精讲多练、加强直观教学,注重对学生的能力培养和基本功训练。

　　参加本书编写的有卞鲁萍老师（第一章、第三章）,刘洋老师（第二章第一节至第四节）,李莉老师（第二章第五节,第四章、第五章和附录）。本书编写过程中,得到相关行业专家的指正,得到四川西南航空专修学院,成都航空旅游职业学校,成都礼仪职业中学,成都华夏旅游商务学校，成都经济技术学校，成都华盛航空港职业学校的大力支持和指导，在此，谨向给予本书支持的专家、同仁，致以衷心的感谢。编写中我们参考、采纳了国内外专家学者多种论文专著，在此我们一并对他们表示衷心的感谢。由于编写时间仓促，我们在参考引用某些文献时未能征得原作者的同意，原作者见书后，请与我们联系，以便我们寄奉稿酬或样书，并在重版时对书稿相关事项予以弥补。本书若有不足之处，恳请专业人士与读者批评指正。

本书既可作为空中乘务专业的教材，也可供有志于投身空乘服务事业的人士参考阅读。

编者

2008 年 6 月

# 目 录

# 第一章　梦想从这里起飞

空乘，自信而美丽的代名词；空乘，令人心动的浪漫职业。她们没有翅膀，却可以飞越千山万水；她们无需旅游，就可以领略各地风情。当空乘们出现在机场时，会成为众人瞩目的焦点，完全可以像女明星一样吸引人们的眼球——在众人的目光下，优雅、从容而自信地倾倒众生。成为一名人人称羡的空乘，与蓝天白云为伴，这无疑是很多女孩心中最美丽的职业梦。

然而空乘的美貌、气质并不是天生的，如何才能成为一名魅力空乘？除了有着较丰厚的收入，能利用工作之便飞遍祖国大江南北乃至世界各国，了解更多不同的民俗文化，空乘这一美丽职业背后还有哪些不为人知的"秘密"？让我们走近空乘，一起揭开空乘神秘的面纱，真正了解空乘这一美丽职业。

**典型个案**

曾有旅客留言：飞行员的高超技术，让我们安全地到了家；而对航空公司的印象，则更多来自于乘务员的空中服务。在某种意义上，乘务员的服务已成为"公司产品"，它时刻在旅客中诠释并宣扬着航空公司的品牌和企业文化。

随着时代的发展，中国的航空市场竞争格局必将完全进入"旅客需求时代"，这一点在日常旅客服务、机上创新服务等方面，都得到了鲜明的体现，服务也因此必须最大可能地了解旅客的多样化、个性化需求。

历来空中服务的基础要求程序化、标准化，但同时要最大化地满足旅客需求，就要力求精致追求完美……就深圳航空公司的实际情况而言，最初我们是由微笑创出了服务的品牌，站在了中国民航优质服务的前沿。期间，我们又以细微服务和不间断服务巩固了这个品牌。而今超前式所需服务已取代以往的按需服务，要让旅客的需求在未启口时，就已经非常意外的得以实现，这才是完美的服务。

# 第一节　揭开空乘神秘的面纱

空乘人员是怎样工作的？空乘服务与其他服务行业有些什么不同？为什么空乘服务代表着一个民族的文明与形象？让我们一起来解答这些疑问，找到成为一名魅力空乘的最佳答案。

## 一、空乘服务的概念

空乘是空中乘务员的简称，空姐是对空乘的俗称并泛指女乘务员。空乘服务是空中乘务员按照民航服务的内容、规范和要求，保证乘客安全，满足乘客的需求，为乘客提供完美服务的过程。

"安全、快捷、舒适"是航空运输的重要特点，空乘服务工作正是实现其特点的一个重要组成部分。首先，空乘人员要保障客舱的安全，其次才是为乘客提供完美的服务，让旅客从乘务员的举手投足间感受到一种温馨、宾至如归的感觉。同时，空乘服务是航空运输中直接面对乘客的一个窗口，空乘人员的外表形象、言谈举止、服务态度和服务技能都直接代表了航空公司的形象，有时甚至是代表了一个国家和民族的形象。所以，空乘人员除了外表的美丽优雅，更需要积累深厚的文化底蕴，拥有较高的综合素质。

### 小资料

#### "空中小姐"称呼的来历

空姐是"空中小姐"的简称，指的是航空飞机上从事为旅客服务的人员，也叫做"航空乘务"。

1930年6月的一天，在美国旧金山一家医院内，波音航空公司驻旧金山董事史蒂夫·斯迁柏生和护士埃伦·丘奇小姐在聊天。闲谈中，史蒂夫说："航班乘务工作十分繁忙，可是挑剔的乘客还是牢骚满腹，意见不断。"这时埃伦·丘奇小姐突然插话说："先生，您为什么不雇用一些女乘务员呢？姑娘的天性完全可以胜任'空中小姐'这个工作的呀！""空中小姐"这一新鲜的词使董事先生茅塞顿开。就在10天之后，埃伦·丘奇小姐与其他7名女护士作为世界上第一批空中小姐走上了美国民航客机。空中小姐的兴起印证了第一次世界大战后商业飞机业的繁荣，而站在这一领域浪尖上的正是波音公司。

## 二、空乘服务的特点

空乘服务是在飞机客舱这一特殊的环境下对特殊群体进行的服务。由于环境等因素的限制，与其他服务行业相比，空乘服务具有自身的特殊性，主要体现在以下几个方面：

1. 安全责任高于一切

乘务员在飞机上不但要为乘客提供热情周到的服务，更重要的是提供机上安全的保证。正常情况下，乘务员首先是安全防范员，承担观察、发现、处理各种安全隐患的任务，负责维持客舱秩序，消除各种危机事件对飞行与客舱安全的影响；在任何特殊情况下，尽量减少乘客不必要的伤亡。因此乘务员需要学会辨识危险物品，熟悉并使用机上紧急设备，掌握引导乘客在异常情况下安全撤离等客舱安全必备技能。

小资料

### 训练标准笑容　学习擒拿格斗　合格空姐这样"出炉"

"镇定，没关系！镇定，没关系！"空姐刘丽（化名）不断大声安慰旅客。飞机上正燃烧着烈火，100多名旅客发出惊呼，3名空姐帮助旅客一一穿上救生衣，收取旅客身上的尖锐物品，脱鞋。随后，她们迅速打开舱门，引导旅客走到出口，打开气垫，搀扶旅客逐一滑向地面，撤离客舱。

这是前不久在东航上海总部进行的一堂模拟训练课，主角是来自武汉的一群准空姐。虽然是演习，但场面十分逼真，姑娘们俏丽的脸蛋被烟熏得像包公。

"旅客眼里的空姐永远是那么端庄耀眼、靓丽高贵，似乎完美到了没有瑕疵的地步。可是这样的美丽，这样的气质和素质，是台下用无数的辛勤劳动和泪水换来的。"昨日，刘丽这样告诉记者。除了刚进航空公司需要在总部培训外，每年还要进行复训，其要求十分严格。在陆地上一个模拟的客舱里，进行各种紧急情况发生后的应急能力演练。训练内容包括灭火、急救、医疗知识、游泳等。空姐还要学习擒拿格斗技能。

另外空姐的手表和旅客不一样，上面有秒表，这是为了记录训练的时间。比如开客舱的紧急出口舱门，要求在15秒以内。因为在发生灾难时，有时一秒钟就可以挽救一个生命，尤其在"危险的11分钟"里（起飞3分钟，降落8分钟，世界上70%的空难发生于此时）。

……

2. 技术性强，服务内容繁杂

飞机客舱设施功能特殊，人员密集，既受飞行状态影响，又受乘客心理影响，所以服务操作过程必须符合技术规范的要求，服务内容事无巨细无所不包，服务的质量追求精致完美。

3. 是服务行业和高尚服务的标志

乘务工作直接代表着中国民航和航空公司的形象。在激烈的市场竞争中，乘务员服务质量的好坏，与航空公司经济效益密切相关。因此"空姐"已成为世界公认的职业端庄礼仪的代表和得体装扮的象征，世界上许多服务行业的礼仪都在向"空姐"看齐。

4. 具有明显的国际化特征

民航是国际化程度较高的行业。首先其服务对象来自不同国家、不同民族，有着不同的宗教信仰、风俗习惯和礼仪要求；其次，国际民航组织在民航技术、服务规范等方面均具有国际化标准，各国的空乘服务体现了不同国家的文化和文明程度。

5. 对乘务人员的综合素质要求高

高雅、端庄、美丽、大方是人们对空乘的一致认同，但作为服务行业和高尚服务的标志，光有前面的条件是远远胜任不了空乘这个职业的。为了满足国内外不同乘客的需求，空乘人员还应具备较强的亲和力、健康稳定的心理素质、优良的意志品质、灵活的应变力、良好的文化修养、自觉的合作精神、强烈的职业意识和精湛的服务技能。

**小资料**

### "服务"的英文解读

从英文原意看，"服务"的英文拼写是"Service"，其中每个字母都传达出服务的基本要求：

S——Smile（微笑）：服务员应该对每一位乘客提供微笑服务。所以，微笑服务是服务的第一要素，也是基本要求。

E——Excellent（出色）：服务员应将每一个服务程序、每一个微小细节做得更加完美，服务工作才能做得更出色。

R——Ready（准备好）：服务员应具备主动、超前的服务意识，随时准备好为乘客服务。

V——Viewing（看待）：服务员应将每一位顾客当成贵宾，尊重乘客。

I——Invite（邀请）：服务员在每一次服务结束时，都应该显示出诚意和敬意，主动邀请乘客再次光临。

C——Creat（创造）：每一位服务员应该尽量精心创造出热情服务的氛围。

E——Eye（眼光）：每一位服务员应该始终以热情友好的眼光关注乘客，对顾客进行"察言观色"，使乘客时刻感受到服务员的关心与爱心。

★以上对"服务"的英文解读，充分体现了服务工作的内涵和对服务人员的基本要求，更反映出对空中乘务员的高层次要求。

## 第二节　魅力空乘必备条件

空乘多数为女性，她们兼具知性与教养、体贴与爱心、优雅与美丽，人们常称为"空姐"。空姐美丽、端庄、大方的外表给人们留下了其固定的形象特征，那么作为一名合格的空姐，需要具备哪些条件呢？

### 一、专业化的形象

从进入机舱的那一刻开始，空姐的额首、笑貌、服饰给人们留下了初步的美好印象。但是，这一切并不是天生得来的，而是需要经历一番艰苦而严格的训练，在训练中学会最标准的站姿、走姿、坐姿、手势、化妆、礼貌用语等礼仪技能，从而树立和塑造空姐的专业形象。

**你知道吗?**

空姐——一流女性形象

你可能会认为,称飞机乘务员为"空姐"会失礼,但越来越多的女性以当"空姐"为荣,因为"空姐"已逐渐成为世界端庄礼仪的代表,她们成为得体装扮的象征。在随后数十年中,世界上许多行业的礼仪都向"空姐"看齐。航空公司挑选"空姐"有十分严厉苛刻的要求,一律要求年轻漂亮、身材苗条、微笑迷人、伶牙俐齿,且为单身。

航空公司招募空姐有着大同小异的标准:年龄20至27岁;身高1.58至1.73cm;身材苗条,比例匀称;体重接近50公斤;但空姐的职业年限十分短暂,32岁就得退休;工作期间必须单身,无小孩,不得怀孕。就像电影明星与米高梅公司签订拍片合同一样,空姐必须学会标准的站姿、行走、梳头及化妆,脸蛋儿要像大理石般光滑,洁白无瑕。空姐形象和举止都必须是一流。

另外航空公司在招录空姐时都有不同的优先条件。有的用"邻家女孩"型,有的必须具备良好背景。TWA、英航、泛美、全美、布兰尼夫、西南太平洋以及其他小航空公司招聘空姐则看她们是否性感。世界上大多数航空公司都青睐来自乡村的女孩,这可能是因为她们单纯朴实,但都必须操一门或多门外语。无论欧洲还是美国,空姐招聘条件大同小异,欧洲一些航空公司要求空姐上过一至两年大学。招录过程包括一系列面试和层层筛选,筛选过程还包括IQ测试和体能测试,其严格程度甚至超过美国联邦调查局招聘特工。有幸胜出的"空姐"被派往训练中心,训练时间为六周。培训中心设施豪华,还带有游泳池和网球场。被选中女孩都漂亮动人,为避免节外生枝,许多训练中心有严格的防范措施,大部分有宵禁令并配备保安,有的甚至还有牢笼式的围栏和八英尺高的电网,以防止追求者闯入。

航空公司在激烈的竞争中逐渐意识到,温柔甜美的空姐是最好的推销方式。由于服务是航空业最主要竞争领域,所以航空公司越来越注重女性形象。

## 二、高尚的职业道德

飞机客舱服务是民航运输服务的重要组成部分,它直接反映了航空公司的服务质量。在激烈的航空市场竞争中,直接为旅客服务的空乘人员的形象和工作态度,对航空公司占领市场,赢得更多的回头客起着至关重要的作用。高雅、端庄、美丽、大方是人们对空姐的一致认同,但光有前面的标准是远远胜任不了空乘这个职业的,空乘最重要的是要具有高尚的职业道德。作为一名合格的空乘,需要的职业道德包含着哪些内容呢?

1. **热爱自己的本职工作,有较强的服务理念和服务意识**

民航企业,要想在市场竞争中赢得旅客,就必须提高服务意识和服务理念。为旅客服务的目标是让旅客满意,信守服务承诺,这种意识必须融入服务,成为每个空乘服务人员自觉的思想。

2. **有亲和力的微笑**

人们常说微笑是一张通行证,可以顺利地通过人内心的第一道门,缩短人与人之间的心理距离，为深入沟通与交往创造温馨和谐的气氛。在我们的生活中总会对那个面带善意的微笑的人心存好感，不知不觉中就拉近了彼此的距离。当我们在客舱内第一次与旅客见面时的微笑会快速地将我们的善意传达给对方，服务时的微笑会放松旅客在漫长旅途中的疲劳，享受服务的同时也享受到一份惬意的心情。歉意的微笑，会融化对方心中因不满堆积的冰山；告别的微笑，给对方留下了一份美好的回忆，怎么会不再选择我们的航班呢？

微笑是发自内心的爱，是人际交往的润滑剂。由此展现的微笑最自然大方，最真情友善。真正的微笑是发自内心的，表里如一的。笑容是所有身体的语言中最直接的一种，应好好利用。空姐最重要的标准之一就是："将你完美的微笑留给乘飞机的每一位旅客。"因为空乘除了高雅、端庄、美丽外，更重要的是应当体现出知性与教养、体贴与爱心，而这些的外在表现就是充满亲和力的微笑。

**典型个案**

### 面试宝典：空姐中我并不是最漂亮的！

小玲是航空学校一名二年级学生，第一眼看到她，并没有让人惊艳的美丽，但是与她聊天就能开心无比，一种暖意融入心中。怪不得她能成为一名合格的空姐。让她说说当初面试成功的心得，她直言"当初我们那一组面试人中，我并不是最漂亮的。可老师考完后对我说，是我笑容里的真诚打动了考官。真的，微笑很重要。微笑是一种令人感觉愉快的面部表情，它可以缩短人与人之间的心理距离，为深入沟通与交往创造温馨和谐的气氛。"随着小玲的娓娓道来，我们了解到，她把微笑看做发自内心的爱，比作人际交往的润滑剂。由此展现的微笑最自然大方，最真情友善。她说，在面试中，保持微笑，就会增加成功的把握。

笑容是所有身体的语言中最直接的一种，应好好利用。空姐最重要的标准之一就是："将你完美的微笑留给乘飞机的每一位旅客。"

### 3. 有吃苦耐劳的精神

空姐在人们的眼中是在空中飞来飞去的令人羡慕的职业，但在实际工作中却承担了人们所想不到的辛苦。飞远程航线时差的不同，飞国内航线各种旅客的不同，工作中的困难和特殊情况随时都会发生，没有吃苦耐劳的精神，就承受不了工作的压力，做不好服务工作。

**小资料**

### 空姐的一天——美丽职业背后的艰辛

我们先来看一张日程表，这是空姐柳欣的一个正常的工作日。从成都飞往日本福冈的飞机在早上8:00起飞，柳欣和她的工作伙伴们的一天这样度过：

飞行前一晚会入住到机场宿舍，飞行当天：
◆5:30 起床，梳洗，化妆；
◆6:20 到达准备室，乘务长将安排一天的工作，给空姐们分号，以及宣布一些注意事项；

◆7:30 开始迎接登机的乘客；

◆8:00 至 10:30 左右，为乘客服务忙碌；

◆11:10 再次登机；

◆12:30 左右，飞机抵达日本福冈；在日本停留大约一个小时左右，飞机沿来时的路线返航；

◆19:45 左右回到成都，乘客下机完毕大概是晚上 20:20 左右，所有工作人员回到乘务部，进行 15 至 20 分钟的总结，然后解散，柳欣回到家已是 22:00 以后了，什么也不想做，通常是倒头就睡。

★看了这张时间表，你还认为空姐的工作轻松吗？事实上，空姐的工作量远远多于上班族每日 8 小时的工作量，空姐们就是这样日复一日度过了自己最美好的时光。

4. 热情开朗的性格

空姐的工作是一项与人直接打交道的工作，每天在飞机上要接触上百名旅客，所以她随时需要与旅客进行沟通，没有开朗的性格就无法胜任此项工作。另外空中乘务服务工作琐碎，精神紧张，容易产生不良情绪，更需要培养良好的心理素质和思想沟通能力。

5. 要有良好的政治素质

政治素质指的是一个人的政治态度、政治倾向、政治觉悟。民航运输业是一个国家对外展示形象的窗口，这对空乘服务提出了很高的政治要求。空中乘务一定要自觉树立良好的政治形象，在对外服务过程中始终坚持做到不卑不亢、有理有节。

### 三、过硬的业务素质

所谓素质，包括一个人先天具有的资质、禀赋，也包括其后天经过学习和锻炼所获得的知识和能力，是人们从事活动前较为稳定和最基本的内在品质。随着社会的发展和时代的进步，一个优秀的空乘人员的素质培养也出现了一些新的时代特征，具有更丰富的时代内涵。

1. 学习掌握空乘人员基本的航空礼仪知识技能

航空服务礼仪是指空乘人员在飞机上的服务工作中应遵循的行为规范，它具体是指空乘人员在客舱服务中的各服务环节，从在客舱迎接旅客登机、与旅客的沟通，到飞机飞行中的供餐、送饮料，为特殊旅客提供特殊服务等都有一整套空乘的行为规范。作为一名航空公司的代表，空乘人员应该成为时常受到纪律约束的人、有教养的人，甚至不在岗位上的时候也应该注意这些，以充分体现出空乘的职业魅力。

2. 刻苦学习业务知识

空乘人员在飞机上不仅仅是端茶送水，更需要掌握许多的知识。比如我们的航班今天是从北京飞往美国，空乘人员首先要掌握北京和美国的国家概况，包括人文地理、政治经济状况，航线飞越的国家、城市、河流、山脉以及名胜古迹等。还要掌握飞机的设备的相关知识，紧急情况的处置、飞行中的服务工作程序以及服务技巧等等。可以说，空乘人员上要懂天文地理、下要掌握各种服务技巧和服务理念，不但要有漂亮的外在美，也要有丰富的内在美。

3. 要有很强的语言表达能力

空中乘务除了会使用标准普通话以外，对英语也要有较高的表达认知水平，并且需要有针对性地加强第二外语的学习，以适应国际化趋势的需要。英语能力是空乘晋升的最大瓶颈，一般国内航线对空乘人员英语要求较低，而国际航班对空乘人员的英语要求很高，要求会机上礼仪、服务用语、广播词，能与乘客进行无障碍的英语对话。

同时，作为一名空中乘务，更要学会说话的艺术，掌握不同的说话技巧。例如对老年旅客、儿童旅客、特殊旅客的各种说话技巧，对各种特殊情况，例如航班不正常时服务的说话技巧。在我们的服务中，往往由于一句话，会给我们的服务工作带来不同的结果。一句动听的语言，会给航空公司带来很多回头客；也可能由于一句难听的话，旅客会永远不再乘坐这家航空公司的飞机；他可能还会将他的遭遇告诉其他旅客，所以得罪了一名旅客可能相当于得罪十名或上百名旅客。

**想一想**

### 如果你是这位空姐，该怎样对这位旅客说？

在一个航班上空姐为旅客提供正餐服务时，由于机上的正餐有两种热食供旅客选择，但供应到某位旅客时他所要的餐食品种刚好没有了，我们的空姐非常热心地到头等舱找了一份餐送到这位旅客面前，说："真对不起，刚好头等舱多余了一份餐，我就给您送来了。"旅客一听，非常不高兴地说："头等舱吃不了的给我吃？我也不吃。"由于不会说话，空姐的好心没有得到旅客的感谢，反而惹得旅客不高兴。

★如果我们的空姐这样说："真对不起，您要的餐食刚好没有了，但请您放心，我会尽量帮助您解决。"这时，你可到头等舱看看是否有多余的餐食能供旅客选用。拿到餐食后，再送到旅客面前时，你可这样说："您看我将头等舱的餐食提供给您，希望您能喜欢，欢迎您下次再次乘坐我们航空公司的飞机，我一定首先请您选择我们的餐食品种，我将非常愿意为您服务。"同样的一份餐食，但不同的一句话，却带来了多么不同的结果，这就是说话的艺术。作为一名合格的空姐，说话真是太重要了。

4. 要有很强的应变能力

随着民航改革历程和社会进步，民航的旅客群体发生了巨大变化。面对形形色色的旅客，特别是出现非正常的服务环境（如航班延误）、旅客不满、旅客投诉以及旅客与民航员工的冲突时有发生，空中乘务一定要有很高的危机处理意识和应变能力，能够及时减少和化解矛盾。

5. 要有丰富的文化素质

外在形象作为内在素质的体现，是以内在素质为基础的。文化素质作为内在素质的重要组成部分，是空乘人员其他素质的基础。现代空乘服务，体现的不仅仅是职业素养，而且还包括学历层次、文化积淀、气质魅力、特长爱好等等，只有具备了丰富的文化素质，才能打造出良好的客舱服务文化。所以只有加强自身的文化修养，才能做到"秀外慧中"，真正树立起空姐的形象。

总之，空中乘务是一个光荣而高尚的职业，她集技术性、专业性、服务性于一身。要提供高质量的空中服务，空乘人员就必须具备良好的综合素质，学习掌握人文地理、政治、经济等知识，熟悉各种服务技巧和服务理念，为旅客提供完美的服务。因此作为一名合格的空乘人员，更需要在长期的飞行中加强自己文化素质的提高、本身性格的培养和自身的修养，将外在的美和内在的美相结合，形成空乘人员的气质。

另外需纠正的一个观念是，"空姐"并不是吃青春饭的职业，它有很大的职业发展和晋升空间。毕业生入职后，经过数年的工作，可以从国内航线的普通舱晋升到头等舱，再进入国际航线，从短途到长途……从职务角度看，也可以从乘务员入手，逐步晋升到乘务长、主任乘务长等，直到退休。

小资料

## 国内航空公司面试指南

**一、航空公司面试空乘服务人员的形象要求和其他报名条件**

年龄一般为 18～23 岁，但也有的航空公司将年龄限制在 22 岁以下；

五官端正、仪表清秀、身材匀称；

女性身高 164～173cm，男性身高 173～183cm；

口齿清楚，普通话标准；

身体裸露部位无明显疤痕；

无口臭、狐臭、皮肤病，走路无内外八字；

听力不低于 5 米；

无精神病史及慢性病史；

学历要求一般，也有航空公司无此要求；

要求流利的英文表达能力或基本的会话能力，其他小语种优先；

准备两张二寸照片和一张四寸生活照片；

填写履历表并带上学历证书和其他证明材料。

**二、报考人员的着装要求**

应着职业装，同时不要化浓妆，应着淡妆；男性最好穿长裤。

**三、应聘人员的仪态要求**

站姿应端正，两眼目视对方，应随时保持坐姿端正、站姿高雅，两眼永远凝视对方，坐时身体向前倾，面带微笑，保持与考官的距离。

**四、语言要求**

回答问题声音应大一些，吐字清楚，语言简练，使对方能听清楚你所要表达的内容。

**五、常被问到的问题**

履历表当中的问题：你的年龄、学校、学历、家庭住址；

介绍你的家庭、你的父母和家庭其他成员；

你为什么要做一名空姐？

你对空姐的工作有哪些了解？

你有哪些特长？

在家里是否帮助父母做家务？

在飞机上如果遇到不讲理的旅客你应如何处理？

你考虑过做空姐工作的辛苦吗？如果你被我公司录取，你将准备如何做一名合格的空中乘务员？

做一名优秀的空中乘务员应具备哪些品质？

你在学习期间好朋友多吗？

谈谈你对本公司的了解，公司都有哪些机型、航线？

你为什么要报考本公司？

如果有两个航空公司同时接收你，你会选择哪个公司？

**六、面试程序**

1. 到报名地点后，先交报名表，然后进行基本身体测试（身高、体重、视力）；

2. 分组进行面试，一般 10 个人一组进入考场，每个报考人员进行简单的自我介绍（姓名、年龄），然后走出考场等候下一步的面试通知，没得到再次面试通知的人员则被淘汰；

3. 第二次面试由考官单独面试，面试内容包括英文对话以及其他相关问题，内容比较详细；第二次面试通过后，在考场等候通知面试结果；

4. 有的航空公司可能还要安排第三次面试或者进行笔试；

5. 体检。参加体检后等待体检结果。

◆体检合格后一般还要进行公司有关领导参加的集体面试。面试中会对参加面试人员提出问题。大致内容和第二次基本相同，但是参加此次面试的人员会比较多，所以要求面试人员绝不能紧张，这是考验你的极好机会，是否成功可能就在此一举。

# 思考训练

**一、基础练习**

1. 与其他服务行业相比，空乘服务具有哪些特点？

2. 作为一名合格的空乘，需要具备什么样的专业形象？

3. 空乘人员应当具备哪些职业道德？

4. 空乘人员需要具备哪些过硬的业务素质？

**二、实例分析**

空姐是这样炼成的：

新乘上岗之前，一般经历四个培训阶段。

一是军训阶段，为期一个星期。按照军人的要求进行严格训练。二是理论学习阶段，时间一个月左右。主要学习英语、航空理论与航空技术知识、航空气象、形体、健美操等。三是实际操作阶段（专业训练），时间一个半月。主要是客舱服务、各种机型教学、紧急救治等。四是思想政治教育阶段，主要进行时事政治教育，人生观、价值观教育，以及革命光荣传统教育。

思考：新乘上岗之前，经历的四个培训阶段分别有什么作用？对你有何启示？

# 第二章　空乘服务礼仪训练

空乘靓丽的外貌，统一漂亮的着装，充满亲和力的笑容，规范优雅的姿态，已经给人们留下了深刻的印象。从这一章起就让我们共同学习、进步，向着梦想积极前进吧！

## 第一节　仪态是你的美丽语言

### 一、空乘人员规范、优美的职业仪态

当看到这张照片的时候，我相信你已经被照片中的空姐所打动，其实在一个人未曾开口之前，她的仪态就是无声的语言。

那么什么是仪态？

仪态从狭义说指的是姿态，但从仪态反映的是一种动态美的角度来看，它应包括更多的内容，例如表情和谈吐，都包含有一个人的动态性外观的成分，它们都会影响到人们对一个人的仪态的评价。因此仪态从广义上说是姿态、表情、谈吐等多种因素所构成的一个人的动态性外观。

★良好的仪态是一种规范、一种修养、一种风度，它是更深层次的美。它揭示我们的内在比语言表达得更真实、更可信。通过它，向乘客展示着自己，消融了我们之间的距离。下面就让我们一起共同感受良好的仪态带给我们身心的愉悦吧。

（一）优雅的站姿

最容易表现姿势特征的，是人处于站立时的姿势。

1. 站姿规范的标准

头部：头要正，眼睛平视前方，下巴微微抬起。

肩部：男士肩部微微下沉，向两侧伸展；女士肩部微微下沉，向后扣。

脊椎：从头顶开始，到颈椎，再到尾骨，感觉有力将人体挺拔起来。

胸部：微微挺起来。

腹部：收腹。

腰部：立腰，后背挺直。

脚跟：并拢，两脚尖微微分开。

手垂：双手自然垂于体侧，手指自然弯曲，也可以搭于腹前或后背。

2．标准站姿的肌肉力量

要使身体挺拔，肌肉应当形成三种对抗力量：

①髋部向上提，脚趾抓地；

②腹肌、臀肌保持一定的紧张，前后形成夹力；

③头顶上悬，肩向下沉；缺一不可。

3．纠正不良站姿

生活中每个人都有自己的独特的形态特征，如果不注意培养标准的形体姿态，就容易形成某种不标准姿态。比如探脖子，斜肩，弓背，挺腰，撅臀以及双手叉腰，双臂抱在前胸，两手叉在口袋，身体依靠其他物体等。从形体上看是不美的，所以必须矫正自己的不良站姿。

4．服务工作中的四种基本站姿

站姿大致有四种：侧放式、前腹式、后背式和丁字步。一般来说男士可以采取双腿分开与肩同宽的姿势，双手相握于身前（右上左下，右握左），或相握于身后（左上右下）；而女士则可以双脚呈小八字步或丁字步站立，双手交叉轻握悬垂于腹部（虎口交叉，右上左下），如长时间与人交谈，则可微微提起双手交握于胸前。

心理学家指出，双腿并拢站立的人，一般会给人以稳健、踏实、可信赖的印象，但同时也会给人不是很好接触的印象；而两腿分开站立、双脚有点外八字的人，则传递给人以果敢、进取、具有主动积极态度的信息；双腿并拢站立、双脚一前一后的人，则是比较有抱负和目标的人，性格急躁但很勇敢和富于冒险精神；还有一种人，站立的时候，以一只脚为重心，另一只脚的脚尖着地放在重心腿的后面，这类人大多喜欢变化，愿意接受挑战。

当然，站姿并不能完全代表一个人，因为受过专业训练会改变人的身体姿态，但它至少能够说明一点，站姿是一种重要的语言，它具有传情达意的能力。

5．站立注意事项

①站立时注意肌肉张弛的协调性，强调挺胸立腰，两肩部和手臂的肌肉要适当放松，呼吸要自然。

②站立时要以标准站姿的形体感觉为基础，如果没有正确站立的基础，变换姿态也

不会美。所以要注意矫正形态上的不标准姿态。

③站立时要面带微笑，使规范的站姿与热情的微笑相结合。

空乘人员的站姿要体现在工作中，融合自身的仪态举止养成习惯。规范要与自然相结合，运用自如，分寸得当，使人感到既有教养又不做作。

**练一练**

| 靠墙训练 | 应用书的站姿练习 |
|---|---|
| 把身体靠近墙面，五部位（后脑、双肩、臀部、小腿肚、脚后跟）充分和墙面接触，然后将双手和墙面接触。 | 保持正确的站姿，先在双膝之间夹一本书，然后头顶一本，最后在左右手臂各夹一本，通过这种练习，让我们的站姿更加挺拔。 |

**（二）优雅的坐姿**

坐是仪态的主要内容之一，无论是工作还是学习、生活都离不开坐，所以它同样具有美丑、优雅与粗俗之分，端庄优雅的坐姿，会给人以文雅、稳重、自然大方的美感。

1. 坐姿规范标准

①入座时要稳，走到座位前，转身之后轻稳地坐下；

②面带笑容，双目平视，嘴唇微闭，微收下颌；

③双肩平正放松，两臂自然弯曲放在膝上，也可放在扶手上；

④坐在椅子上，应立腰，挺胸，上体挺直，身体重心垂直向下；

⑤双膝自然收拢，双腿正放或者侧放，双脚并拢或交叠；

⑥坐椅子的三分之二；

⑦起立时，右脚向后收半步，而后站起；

⑧谈话时可以侧坐，此时上体和腿同时转向一侧。

2. 不良坐姿

不应前仰后合，或是歪歪斜斜；两腿不应过于交叉或长长的伸出去；坐下后不应当故意挪动椅子；女士不可以跷二郎腿；不要为了表示谦虚，坐在椅子边上，身体前倾；不可以大腿并拢，小腿分开，或双手放在臀部底下，腿不停地抖动；脚尖相对，双脚交叉都是不礼貌的。

3．工作中的基本坐姿

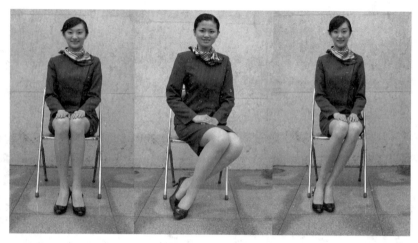

| 小八字步 | 索步 | S步 |

4．注意事项

①女士如果是裙装，入座时应当把下摆收拢一下，不可坐下再整理；

②男士可以将双脚、双膝开至与肩同宽；女士不可跷二郎腿，双膝、脚跟必须靠拢，不可双腿叉开，否则不雅；不要脚跨在椅子、桌子上；

③不要坐满椅子，也不可以只坐边沿；

④与客人谈话时，不要只是扭头，可以侧坐，上体与腿同时转向客人一侧。

**练一练**

| 搬椅子的练习 | 保持椅面和地面平行，然后轻放在自己的右侧， |
| 右手放在椅子靠背的右下侧，左手扶椅， | 这种训练方法需要做到动作轻。 |

（三）优雅的走姿

人的走姿可以传递出很多种情绪，比如愉快、沮丧、热情，或是懒散、懈怠等。心理学家发现：步伐较大且有弹力、双手用力摆动的人，通常比较自信、乐观、有目标；走路时拖沓着步伐且快慢不定的人，则比较犹豫、悲观、没有主见；喜欢支配别人的人，走路时喜欢脚向后高踢；女性走路时手臂摆得愈高，愈说明她精神饱满，精力充沛；相反，走路不怎么摆动手臂的女性，大多正处在思绪混乱或沮丧的时候。

1．标准走姿

要使自己的走姿体现出一些积极的信息，就应该保持目光平视，头正颈直，挺胸收腹，两臂自然下垂前后摆动，身体要保持平稳，从腰部以下开始移动，双手要协调摆动。走动时，男性应表现出内心的自信和阳刚之美，不要把双手背在身后，这样看上去很傲慢。女性则应该动作稳健而轻盈，以表现出女性的优雅。出脚和落脚时，脚尖都应指向正前方，千万不要有内八字或外八字。

2．不良走姿

走路尽量不要走外八字步和内八字步。走路的时候注意不要前倾，不要先伸头部再跟臀部，不要弓腰驼背、歪肩晃膀、身体松垮、摇头晃脑，不要边吃东西边走路，更不可将双手插在裤兜中或背着双手左顾右盼。

3．工作中的常用走姿

①前行步（注意转体）；

②后退步（后退两三步，先转身后转头）；

③侧行步（站在客人左侧，右转，路窄用胸对客人）；

④前行转身步（左转，右转）；

⑤后退转身步（左转，右转，后退转身）。

4．不同衣装的走姿

①西服的走姿

以直线为主，要挺拔，保持后背平正，两脚立直，走路的步幅略大，手臂放松摆动，站立要两腿并拢，或两腿间隔不超过肩宽。行走时男子不可晃动，女子髋部不可摆动。

②旗袍的走姿

走路的步幅不可大，以免旗袍开岔过大，露出皮肉，要走一字，但脚尖可略开，髋部可左右摆动，站立时手交叉于小腹前。

③长裙的走姿

行走要稳，步幅可大，转动时，要注意头和身体的协调、整体的造型美。

④短裙的走姿

步幅不宜大，走路速度可稍快，保持活泼灵巧。

**练一练**

1．双臂摆动练习

身体直立，以两肩为支点，双臂前后自然摆动，摆幅在 10 度至 30 度。此练习可纠正双肩过于僵硬、双臂左右摆动不均或手臂不能自然摆动等毛病，使双肩摆动优美自然。

2．顶书行走训练

在练习走姿的基础上，要求学生头顶一本书，此练习可以纠正走路时身体摇摆或摇头晃脑的毛病，保持最好的状态。

（四）优雅的蹲姿

在空乘工作中，低处拾物、VIP服务还有特殊乘客的服务中都会遇到蹲姿，比如低处拾物，有时习惯弯腰捡起，但其实是不合适的。

1．蹲姿规范标准

①下蹲时，应当自然，得体大方，不遮掩；用目光示意有准备地下蹲，双腿最好保持一前一后，腰脊挺直，如无必要尽量不使用双手；

②下蹲时注意避免滑倒；

③下蹲时，头、胸、膝关节不可在一个角度上，以使蹲姿优美；

④女士无论采用何种蹲姿，都要将腿靠紧，臀部向下。

2．不良姿势

①避免动作过于唐突，毫无征兆地霍然蹲下会很粗鲁；

②蹲下的时候要注意方向和距离，不能与面前的人相距过近，即使是帮忙拣取物品，也应略略退后再下蹲；

③下蹲时，方位不要失当，不要在顾客正前方或正后方下蹲，最好侧对顾客；

④在工作场合若无必要，不应长时间蹲着，更不要蹲着休息，因为长时间蹲着会令制服或工作装有很多褶皱，影响职业形象；

⑤蹲着也让人感觉精神不振情绪不高，传达出一种负面的消极信息。

3．工作中的蹲姿

（1）交叉式蹲姿　　　　　　　　　　（2）高低式蹲姿

4．蹲姿的注意事项

注意内衣，"不可以露，不可以透"，否则这是最失检点的地方。

工作和生活中，其实使用蹲姿的场合并不多，但有时候善解人意的蹲下，代表了一种做人的态度。下蹲所体现的，更多是做人平和亲切的态度，至于姿势的优美与否反而并不重要。因此做人有时要记得蹲下，时时平等关怀他人，时时认真审视自己，不断进步。

（五）优雅的手势

在体态语言中，手势也是十分重要的语言。手势能表达很多种意思，有时候是一些方向的指示、情意的传递，有时候能够显露我们真实的心境，甚至也是一种精神上的象征。

手势的规范标准

接待：接引乘客时，食指以下靠拢，拇指向内侧轻轻弯曲，指示方向高度不超过胯部。

指引：需要指引方向的时候，手臂微弯，向所需要的方向指明，高度不低于肩部。

**小资料**

练习手势的时候一定要规范高度。

1. 手势的不良形态

①手指不伸直并拢，呈过度弯曲状。

②手臂僵硬，缺乏弧度，显得生硬。

③动作速度快，缺乏过渡，不能引起注意。

④手势与面部表情、眼神配合不协调。

⑤用手指指点点或者乱点下颌来代替手势。

2. 工作中的常用手势

除了刚才介绍的一些手势以外，工作中手势的应用也是十分重要的。比如行进引导，应五指并拢、手心微斜、指出方向，要先于顾客一两步之前，让顾客走在中央或右侧，自己走在走廊一侧，与顾客保持一致，时时注意后面；行至拐角处定要先停下来，转过身说"向这边来"，然后继续行走。如果你走在内侧应放慢速度，如走在外侧应加快速度。上下楼梯一定要先停下来说这是某某楼，然后再引导，最好让乘客走在栏杆一侧，自己靠近墙壁。

碰到电梯，如只有一位乘客或自动电梯，则让乘客先上下。如有两位以上乘客，则要先说"不好意思"，然后走进电梯按开关，下梯时等乘客都走出去再走。当然，在行进引导时，对于使用哪只手，站在哪一边，并不十分教条，视情形而定，以方便自然为目的。

在开门和关门时，如果是手拉门，用靠近把手的手去拉门，站在门旁，开门引导，自己最后进屋把门关上；如果是手推门，推开门说"不好意思，我先进去了"，然后先进屋，握住门把手，招呼乘客进来。这时身体的一半应露在门外，而不应仅从门后探出头来。

3. 一些常用的表意手势

"OK"

就是把拇指与食指环成圈，另外三指伸直，通常表示"已经做好了、完成了"，或者表示数字0或3，亦或赞同对方观点的意思。但是，在突尼斯该手势表示傻瓜，在巴西则表示侮辱男人引诱女人。

"V"

表示数字2，如果手掌心向外，大多表示胜利（Victory）。但在希腊这个手势是侮辱人的意思。

拇指向上

表示赞赏，在中国民航系统这个手势表示"一切都好了、已经就绪了、赞同"的意思。但是，如果用拇指点住鼻尖，另外四指做鸡冠状摇动，则是侮辱对方的意思。

另外双手四指相对，呈塔形，表示逻辑思维能力强。双手摊开表示欢迎，双手抱拳表示感谢，动作要舒展自然，并配合面部轻松的微笑。运用手势只有与面部表情和身体其他部位配合，才能体现出对他人的尊重和礼貌。任何时候，手势都不要幅度过大或者迅猛，以轻巧明确为好。做手势时，注意不能掌心向下，不能用手指、食指点人。

其实这里讲到的仪态，看似简单，但真正要训练得自然、大方、得体还需要很多的努力，下边就让我们一起来看看2008年奥运会礼仪小姐的培训现场，从她们刻苦的训练中找到动力，为了规范的仪态，努力练习吧。

**小资料**

## 奥运礼仪小姐是这样"炼"成的（组图）

来源：南方都市报　编辑：庞俊峰

笑时嘴张多大才合适，能咬根筷子就是标准。这样一咬就得几十分钟，许多姑娘笑得脸部肌肉发麻，有时甚至磨破嘴唇。

站姿训练，老师要求每个人站立时必须在大腿夹张白纸，而且不能掉下来。

见到外宾时说"您好"的姿势。

坐姿要求仪态端正，腿摆放的角度要一致。

北京奥组委早在去年6月初开始，就在多所学校进行礼仪志愿者选拔。入选者不仅要相貌出众、学习成绩优秀，还要有一定的英语对话能力。身高需在1.68米至1.78米之间，年龄在18岁至25岁之间，身材要好，对于体重则没有严格规定，但是对三围有一定指导性标准，因为要涉及颁奖礼服的制作。

蹲姿训练是最累的，要挺直腰板保持好，几十分钟下来，她们的腿又酸又痛，都无法一下子站立起来。

★看了这组新闻报道，相信同学们对这部分所讲的举止和仪态又有了新的认识和感悟。

**温馨提示**

积极的身体语言

◆可以利用身体的接触，传递亲和力。

◆交流时让彼此的距离尽量缩短，适度增加感情的距离。

◆就座时，舒缓优雅。

◆入门时，目光平视、抬头挺胸。

可以利用的身体语言

◆双手手指互对并指向上方，展现自信和思维。

◆双手手掌互贴，说服你，请求你。

◆眼睛迅速上扬，展示你对听到的内容的兴趣。

◆双手互搓，展现你积极参与的热情。

消极的身体语言

◆抓耳挠腮、摸眼、捂嘴、吐舌头都有说谎的嫌疑。

◆双臂交叉在胸前，表示防范。

◆腿脚不停抖动，表示内心的不安。

◆不必要的移动，表示紧张、焦虑。

## （六）微笑是没有国界的语言

心理学家认为，在人的所有表情中，微笑是最坦荡和最有吸引力的。微笑是世界上最美的一道风景。微笑代表着亲切、友善、礼貌待人和关怀；微笑意味着尊重和理解；微笑传达着魅力和自信；微笑体现着涵养、修养和内在的品质。微笑无处不在，微笑是一种深层次的美，是人际交往重要的手段和润滑剂，是与顾客感情沟通的最好方式，是解除烦恼和平息愤怒的良药。所以学会微笑对于学生来讲，无论是今后的生活还是即将面对的工作都是十分有必要的。

**看一看**

首先让我们看看世界几家优秀航空公司空中乘务员的职业照片。

国泰航空

全日空航空

大韩航空

观看了这组照片，你觉得这些美丽的"空中彩虹"是什么打动了你？

据调查，超过60%的人出行愿意选择搭乘飞机，除了节约时间以外，空乘们提供的优质服务也是十分重要的因素，而具有职业亲和力的微笑便是她们打动乘客的法宝。目前，微笑服务在世界各地和多种行业引起广泛的重视，在"微笑之邦"的泰国，泰国航空公司将微笑当成了商品做起了广告："请乘坐平软如沙的泰航飞机，到泰国享受温暖的阳光和难忘的微笑吧。"在日本，空中小姐要接受6个月的微笑和礼仪训练，使她们在任何情况下都能保持微笑。

### 1. 微笑的含义

在人际交往中微笑的含义：

表示心境良好——产生吸引别人的魅力；

表示充满自信——容易被人接受；

表示真诚友善——缩短心理距离；

表示乐业敬业——创造融洽气氛。

微笑是一首别具韵味的诗，微笑是一幅最富魅力的画，微笑是一种希望和力量，微笑服务应是你的第一职业表情，是你自尊和自信力的表现，更是你教养和人格的提升，是你成功的第一要素，是企业发展不可欠缺的一部分。

### 2. 微笑的方法

其实甜美的微笑是可以通过一些方法进行训练的。

**练一练**

在训练之前，请同学们准备好一面小镜子。

（1）微笑模式训练两法

基础模式训练方法的主要目的是帮助你寻找最佳微笑模式，寻找属于你自己最佳选择定型的微笑，欣赏并掌握其感觉，以便日后运用。

A. ①把手举到脸前；

②双手按箭头方向做"拉"的动作，一边想象笑的形象，一边使嘴笑起来。

B. ①把手指放在嘴角并向脸的上方轻轻上提；

②一边上提，一边使嘴充满笑意。

这个训练让我们学会微笑模式。

正确的微笑能得到他人肯定的评价，但通过刚才的练习，大家发现没有，我们的微笑并不真诚，什么原因呢？

其实真诚的微笑是来自心灵的微笑，只要我们将心打开，用善意、真诚和自信去微笑，多练习，就一定可以达到效果。

（2）亲和微笑的训练法

训练前注意心态调适，清洁周围环境、欣赏优美的背景音乐。

A. 对镜微笑训练法

这是一种常见、有效和最具形象趣味的训练方法。端坐镜前，衣装整洁，以轻松愉快的心情，调整呼吸自然顺畅；静心3秒钟，开始微笑：双唇轻闭，使嘴角微微翘起，面部肌肉舒展开来；同时注意眼神的配合，使之达到眉目舒展的微笑面容。如此反复多次。自我对镜微笑训练时间长度随意。

B. 情绪诱导法

情绪诱导就是设法寻求外界物的诱导、刺激，以求引起情绪的愉悦和兴奋，从而唤起微笑的方法。诸如，打开你喜欢的书页，翻看使你高兴的照片、画册，回想过去幸福生活的片断，放送你喜欢的、容易使自己快乐的乐曲等

等，以期在欣赏和回忆中引发快乐和微笑。

C. 含箸法

这是日式训练法，也是现在很多空乘练习的方法。道具是选用一根洁净、光滑的圆柱形筷子（不宜用一次性的简易木筷，以防拉破嘴唇），横放在嘴中，用牙轻轻咬住（含住），以观察微笑状态。但此法不易显示与观察双唇轻闭时的微笑状态。

通过这几种方法的训练，我们欣喜地发现自己的改变，而这一切都源自我们的微笑，所以同学们就从今天开始，笑吧，尽情地笑吧！

3. 微笑服务的意义

服务行业有种说法：世界上有四件最不易保存的东西，一是飞机的座位，二是饭店的客房，三是服务人员真诚的微笑，四是律师的时间。

而全国范围内进行的"乘客话民航"活动和其他渠道进行的对飞机乘客的调查也证明，给乘客留下最深印象的是空乘人员的微笑，高于"空乘人员的服务"、"机上供应品"、"安全"、"正点"等调查项目，当飞机出现突发事件或航班延误的时候，旅客感到十分恐慌的时候，是空乘们甜美而自信的微笑打动了他们，为飞机最终安全着陆奠定了基础。可见微笑服务的意义是多么的重要啊！英国最大的超级市场连锁山斯波里，服务台上挂着英文缩写"微笑"的大牌子，作为企业的口号——SMILE。

| Smile | Manage | Interact | Listen | Enthusiasm |
|-------|--------|----------|--------|------------|
| 微笑 | 管理 | 互相影响 | 倾听 | 热情 |

口号囊括了成功形象的五个重要理念，这是多么绝妙的创意啊！

微笑服务是服务业人员的最基本素质和本领，是服务人员美好心灵和友好诚恳态度的外化表现，是服务中与客人交流、沟通的美好桥梁。正所谓笑迎八面客，财源滚滚来。作为服务行业的楷模，空乘人员更要求微笑服务，只有具备良好的责任意识，用心为客户提供微笑服务，才能赢得客户、赢得市场，才能在激烈的市场竞争中展露出胜利者的微笑。

请记住下面这首小诗吧!

## 微笑是福

人生不尽是阳光

人生也不是圆圆的月亮

人生少不了困苦与烦恼

人生也少不了欢乐与微笑

微笑是一首别具韵味的诗

微笑是一曲无声而动人的歌

微笑是一幅最有魅力的画

微笑是一种希望与力量

对着太阳微笑,你会投入温暖的怀抱

对着月亮微笑,你会抛却孤寂与烦恼

对着镜子微笑,你会感到自慰和自豪

对着生活微笑,你会得到丰厚的回报

**练一练**

微笑可以通过调节心态来实现,下边介绍几个小方法:

◆相信生活的公正,每天感谢生活三遍,忠诚于自己的信念,让你的心先笑吧。

◆每天练习10分钟的微笑,对着镜子微笑5分钟,大笑5分钟。

◆对一个陌生人微笑,看看他/她的反应。

### (七)生动的眼神

首先我们来看看这样一组对比的照片。

当这名空乘人员的嘴部被遮起来之后,从第二张照片中我们仍然感受到了浓浓的温暖,这就是眼神的威力吧,所以也有人说:"眼神的力量远远超出我们用语言可以表达的内容。"

人们常说眼睛是心灵的窗户,因此这扇帮助我们传达内心情感的窗户,一定要擦拭得明亮光洁才行,让它为我们的人际交往构筑一条顺畅明亮的通道。

在人类的活动中,用眼睛来表达的方式和内容如此丰富、含蓄、微妙、广泛,眼神的力量远远超过我们用语言可以表达的内容。每天人们都是用目光默默无声地互通信息,目光在面对面地沟通交流中起着重大作用,它决定着你能否有效地与对方交流,一个不能运用目光沟通的人不会是个高效的交流者。

细心观察人们的目光接触,你会对人类奇妙的非语言交流的方式有新的认识。西方社会心理学家在沟通试验中对目光进行了深刻而精细的研究,寻找那种最有助于沟通的目光。心理学家在一次试验中，让采访者用三种目光与被试验者进行对话：

（1）聚精会神的目光；

（2）闪躲的目光；

（3）几乎不看的目光。

试验结果表明，被实验者把"聚精会神的目光"列为对自己最有兴趣、最专注的人，因而也对采访者产生好感，对他们的评价也最高。不敢用目光沟通的人，常常被认为对别人不感兴趣，而造成不必要的误解。

在我们用心服务的时候，良好的目光更能带给乘客的真实感受。所以眼神的表达就更深奥而微妙了。

1. 理想的眼神应该注意哪些方面呢？

（1）要注意视线接触的角度，也就是目光的方向。

在注视他人时，目光的角度，即其发出的方向，是事关与交往对象亲疏远近的一大问题。注视他人的常规角度有：

A. 平视

平视，即视线呈水平状态，也叫正视。一般适用于普通场合与身份、地位平等之人进行交往。在这种状态下，人与人之间的交流是平等的、友好的。

B. 侧视

它是一种平视的特殊情况，即位于交往对方一侧，面向对方，平视着对方。它的关键在于面向对方，否则即为斜视对方，这在工作中是一定不能出现的，否则很容易让乘客感受到心理不平衡，很容易造成投诉。

C. 仰视

仰视，即主动居于低处，抬眼向上注视他人。它表示尊重、敬畏之意，这种注视方法应用于头等舱的贵宾服务和对儿童、老人的特殊服务中，因为在这种情况下，会让乘客感受到最大限度的尊重和爱护，所以现在这种注视方法越来越多的出现在高端客户的接待中，比如蹲式服务就是最好的例子。

D. 俯视

俯视，即抬眼向下注视他人，一般用于身居高处之时。它可对晚辈表示宽容、怜爱，也可对他人表示轻慢、歧视。这种注视方法是不可以用在接待旅客中的，否则被视为不尊重。

综上所述，我们乘务工作比较提倡的是平视，这样使交流也如目光这条线路一样直接而顺畅，在工作的交往中，平视是最好的角度。

（2）把握视线接触的长度，也就是目光接触时间的长短。

在人际交往中，尤其是与乘客相处时，注视对方时间的长短，往往十分重要。在交谈中，听的一方通常应多注视说的一方。

A. 表示友好

若对对方表示友好，则注视对方的时间应占全部相处时间的1/3左右。

B． 表示重视

若对对方表示关注，比如听乘客投诉、解决问题时，则注视对方的时间应占全部相处时间的 2/3 左右。

C． 表示轻视

若注视对方的时间不到全部相处时间的 1/3，往往意味着对其瞧不起，或没有兴趣。

D． 表示敌意

若注视对方的时间超过了全部相处时间的 2/3 以上，往往表示可能对对方抱有敌意，或是为了寻衅滋事。

E． 表示兴趣

若注视对方的时间长于全部相处时间的 2/3 以上，还有另一种情况，即对对方本人发生了兴趣。

目光长时间的接触和交流是对对方最大的支持与肯定，同样对方会受到你良好情绪的感染，对你也抱有兴趣。

（3）要控制视线接触的位置。

在人际交往中目光所及之处，就是注视的部位。注视他人的部位不同，不仅说明自己的态度不同，也说明双方关系有所不同。

在一般情况下，与他人相处时，不宜注视其头顶、大腿、脚部与手部，或是"目中无人"。对异性而言，通常不应注视其肩部以下，尤其是不应注视其胸部、裆部、腿部。允许注视的常规部位有：

A． 双眼

注视对方双眼，表示自己聚精会神，一心一意，重视对方，但时间不宜过久，它也叫关注型注视，否则会给对方造成心理压力。

B． 额头

注视对方额头，表示严肃、认真、公事公办。它叫做公务型注视，适用于极为正规的公务活动，一般我们在面试的时候，由于领导是坐着的，所以多采用这个注视部位。

C． 眼部至唇部

注视这一区域，是社交场合面对交往对象时所用的常规方法，它因此也叫社交型注视。一般在工作中，我们多采用这种方式，最大限度地降低乘客的心理压力。

D． 眼部至胸部

注视这一区域，表示亲近、友善。多用于关系密切的男女之间，故称近亲密型注视。

E． 任意部位

对他人身上的某一部位随意一瞥，可表示注意，也可表示敌意。它叫做随意型注视，多用于在公共场合注视陌生之人，但最好慎用。通常它也叫瞥视。

一般来说，在初次相见或最初会面的短暂时间，应注视对方的眼睛。如果交谈的时间较长，可以将目光迂回在眼睛和唇部之间，或是随着他的手势而移动视线。千万不要生硬地一直瞅着对方，通常这样的目光是审视的、挑剔的、刁难的意思。如果长时间盯着对方的某个部位看，可能还会造成误解，使对方以为自己脸上有什么不妥当的地方，妆容乱了或是脸上有脏东西等，无端给对方造成了压力。

（4）善用目光的变化。

一般和对方目光接触的时间，应占与对方相处总时间的1/3，每次注视对方的眼睛不超过3秒，这样对方会感觉比较自然。在向交往对象问候、致意和道别的时候都应面带微笑，用柔和的目光去注视对方，以示尊敬和礼貌。目光柔和地注视在对方的脸部，而不是单纯地注视，否则会让人感觉不友善；也不能从脚底看到头顶反复打量对方，即便对方的穿着有不得体的地方，也应该使目光变化时尽量不着痕迹。

2．练就炯炯有神的、会说话的眼神

训练方法：

A．多观察别人的眼神。

利用节假日，到人流量大的地方，观察别人的眼神，用笔记本记录后锻炼自己丰富多彩的眼神。

B．找到属于自己的"眉目传情"。

用一面镜子，运动你的眉毛，通过配合，找到表情达意的最好状态。

C．注意眼神礼仪。

不能对陌生人长久盯视，除非感情很亲密，或者在欣赏、观看演出时；

眼睛眨动不要过快或过慢，过快显得贼眉鼠眼、挤眉弄眼或不成熟，过慢则死气木呆；不要轻易使用白眼、媚眼、斜眼、蔑眼等不好的眼神。

D．装扮亮丽的眼妆。

习惯眼部化妆，以突出刻画眼神。工作妆清新亮丽可增添情趣和信心。

**练一练**

### 眼神训练

（1）眼部操分解动作训练：熟悉掌握眼部肌肉的构成，锻炼肌肉韧性。

眼神构成要素：

A．眼球转动方向——平视、斜视、仰视、俯视、白眼等。

B．眼睛眨动速度快慢

快：不解、调皮、幼稚、活力、新奇；

慢：深沉、老练、稳当、可信。

C．目光集中程度

集中：认真、动脑思考；

分散：漠然、木讷；

游移不定：心不在焉。

D．目光持续长短

长：深情、喜欢、欣赏、重视、疑惑；

短：轻视、讨厌、害怕、撒娇。

（2）眼神综合定位：以上要素往往结合在一起综合表现。注意细微的变化，淋漓尽致的表现富有内涵、积极向上的眼神。如"这是你的吗？"用不同的眼神表示愤怒，表示怀疑，表示惊奇，表示不满，表示害怕，表示高兴，表示感慨，表示遗憾，表示爱不释手等。

眼神是一种独特的语汇，它能如阳光般让对方的心情豁然开朗，也能像阴霾的天气让对方的情绪瞬时消沉。所以，注意用好你的眼神，它会成为你工作中极好的润滑剂。

**温馨提示**

◆相信自己的眼睛会说话，你的想法正在通过眼神流露出来；

◆请认真注视讲话者；

◆在近距离的空间，避免与人目光相对，如电梯、地铁；

◆目光接触时，不要死盯不放，也不要左顾右盼。

## 第二节 空乘人员优雅的职业形象

在机场，当空姐从乘客身边经过的时候，大多数乘客会驻足，赞叹她们的魅力，其实她们的打扮是有秘诀的，下边就让我们从模仿空姐的靓丽打扮中学到一些美丽秘诀。

### 一、美丽就在前方

**问一问**

当你看到这张照片的时候，你看到了什么？

每个人都有不同的答案。"我看到了发型、衣服。"，"涂了口红，还戴了耳环"；继续问下去，回答会深化到"她很时尚"，"看起来挺有气质的"；如果再追问下去，回答会变得缓慢但很清晰："我觉得她是个白领"，"好像文化程度挺高的"……这就是你在别人眼里的真实情况。

我们总以为别人看到自己的时候看的是服饰、发型以及化妆与否，但事实上，人们看到的并不全是这些，人们是通过我们的穿戴，来试图猜测我们身后那些无法直接表现出来的东西，进而判断我们的价值。

**小资料**

心理学家研究发现，人们的第一印象形成是非常短暂的，有人认为是40秒，有人甚至认为是2秒，在一眨眼的工夫，人们就已经对你盖棺定论了，在心理学上第一印象被称为"首因效应"，无论它是正确的还是错误的，大部分人都依赖于第一印象的信息。那么人们是通过哪些来判断呢？美国心理学家奥伯特·麦拉比安发现人的印象形成是这样分配的：55%取决于你的外表形象，包括服装、个人面貌、体形、发色等；38%是行为表现，包括你的语气、语调、手势、姿态等；7%是你的真才实学。

心理学家还发现，当我们走进一个陌生的环境，人们立刻靠直觉给你进行至少十条总结：你的经济条件、教育背景、社会背景、你的精明老练度、你的可信度、婚姻与否、家庭出身背景、成功的可能性、年龄、艺术修养、健康状况等。正如一句老话"一看他就知道他是一个什么样的人",这就是"第一印象"。这所谓"一看",无非就只有几秒钟时间,而这几秒钟就可以让人们判断你的生活历史,预期你的未来发展。

（一）新的一天从头开始

洗发

头发是人体的制高点,很能吸引他人的注意力,因此要经常洗头,保证头发不粘连、无发屑、无汗馊气味。

发型

◆女乘务员

1. 短发:

后面长度不及颈部,触及颈部的按照长发的标准处理。侧面长度不及耳,触及耳的必须用发夹发胶固定在耳后。原则上发型需将双耳露出。

2. 长发:

束发,盘于脑后,佩带统一的头花,发网必须呈现饱满状,多余发用发胶、发夹固定,同时发卡不得同时使用两种或两种以上头饰(压发条、发网花、发夹等),发夹须接近发色。

3. 刘海:

原则上不能有任何发丝挡住额头,由于每个人的额头形状不一样,有的人的额头很窄,有的很宽,如果单纯只是不让头发挡住额头,而不去考虑脸型方面的问题,妆容化出来也不好看。因此每个人的发型也要单独设计,有的人额头前留着碎刘海,要用发胶完全固定住,而且从正面看,头上不能有任何发卡,头发侧面也不能多于4支发卡,可卷曲或直发,但须保持在眉毛上方。

4. 染发:

只许染黑色或接近发色的自然色。

5. 不允许戴假发。

6. 整理头发须在卫生间进行。

除了将头发盘入头花中，有时也可以盘发，下边介绍两种盘发的方法。

◆第一种盘发的方法

1. 先将头发扎成马尾；

2. 将头发卷紧，向左绕；

3. 向下绕，目的是盘成一个圆；

4. 将发尾塞进盘好的髻中；

5. 用发簪挑起一绺头发；

6. 将发簪插进头发内的皮筋里；

7. 成品；

8. 也可将发簪另一端插出来，记得要压一绺头发在下面，这样盘得更紧。

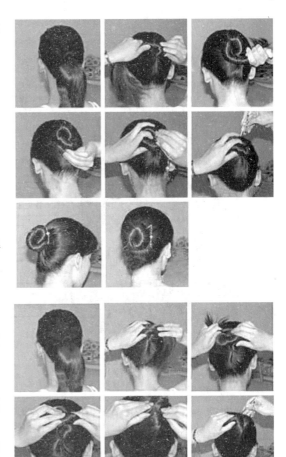

◆第二种盘发的方法

1. 先将头发扎成马尾；

2. 头发向右绕，注意，此时不以皮筋为中心了，而在皮筋上面；

3. 再向左绕；

4. 再向右，就这样绕来绕去，直到把所有的头发都盘进去；

5. 把发簪插入皮筋里，并且把皮筋位置向上拉一点；

6. 簪子向上插入头发中；

7. 成品；

8. 换个角度。

◆男乘务员

1. 发型要轮廓分明，样式保守整洁、修剪得体，两侧鬓角不得长于耳垂底部、背面不超过衬衣底线，前面不遮盖眉部；

2. 保持头发清洁、整齐，使用发胶使头发定型；

3. 选择发型应符合头发的发质，不允许留奇特发型、光头等；

4. 染发只限于黑色或接近发色的自然色；

5. 男乘务员原则不染发，如因发质、发型需要应保持其整洁和自然，忌夸张、突出的感觉；

6. 整理头发须在卫生间进行。

小知识

### 清除不雅的毛发

1. 女乘务员主要集中在头、腋、腿部的毛发。

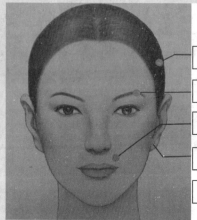

头发：发型需要定期修剪。

眉毛：清除多余的影响美观的眉毛。

唇毛：每天都要刮，由于荷尔蒙的原因，不会长粗。

鼻毛：修理头发的时候可处理。

腋毛：一定要剔除。

2. 男乘务员主要集中在头、手、鼻的毛发。

（二）皮肤

由于乘务员长期工作在较封闭的环境中，所以皮肤十分容易长痤疮，失去光泽，那么平时该怎样护理呢？

洁面

清洁其实在护肤中占很大的比重，几乎占到60%。因为如果不清洁干净的话，后面那些步骤的营养成分都不能被吸收，比如毛孔都是被堵死的，后面你不管用了什么护肤，都没有办法吸收。

清洁的首要原则是：清洁皮肤，并且对皮肤损害小。

现在一般清洁用品都包括：皂，洗面奶。不管是皂还是洗面奶，从本质来说，它们都是碱性的。为什么是碱性的？那是因为皮肤都是弱酸性的。皮肤表面有一层膜叫做皮质膜，其化学特性是弱酸性。所以利用化学中的酸碱中和的原理，清理皮肤。但是这里就出现一个问题，皮肤表面的弱酸性本身对于皮肤有保护作用，所以在选用洁肤产品的时候，尽量选用自己适合的护肤产品，不要觉得清洁得干净就是好，比如说你需要用clinique温柔皂，你非用加强皂，那么皮肤是清洁干净了，问题是它过强的碱性会造成你的皮肤损害过大，失水过多，皮肤干燥起皮——一句话，要选用清洁好，但是对皮肤损害少的。

所有在选用的时候，尽量选弱一点的碱性，最好用弱酸性。女性的皮肤比较细嫩、角质层薄，一般选用温和的洁面产品，比如洗面奶等；男性的皮肤多油性或偏油性，更要经常洗脸，以除去体腺排出的皮脂和灰尘等附着物，一般选用含磨砂成分的洁面产品或品牌洁面皂，保持面部皮肤的清洁。

小知识

肤质测定方法：晚上睡觉用中性洗面奶清洁皮肤，洗后不用任何化妆品，在第二天早晨用面纸巾擦拭前额及鼻部，若纸巾有大片油迹，即为油性皮肤；若只有一点点油迹，即为干性皮肤；介乎二者之间为中性皮肤。

洗脸的正确顺序为先从多油垢的"T"地带洗起，接着是鼻子和下巴，然后再洗面颊与眼部四周，最后清洗耳部、颈部及发际、眉间等。对于不同类型的皮肤，如干性、中性、油性，洗脸时可不同对待：干性皮肤可以在玫瑰水中浸泡，这样可使肌肤光滑细腻；对待油性皮肤，可在热水中加入少许白醋，能够有效地去除皮肤上过多的皮脂、皮屑和尘埃，皮肤就富有光泽和弹性；中性皮肤，可以在晚上用冷水洗脸后，再用热水捂脸片刻，然后轻轻抹干。

小知识

洁面时应当将洗面产品在掌心充分揉搓，用泡沫清洁。

爽肤

爽肤的作用。

1. 平衡，恢复面部的弱酸性；

2. 收缩，因为清洁毛孔以后，毛孔会微微张开，我们要让毛孔恢复原来的状态；

3. 保湿，为了延缓衰老。

现在市场上的爽肤水，很多都用酒精来收缩毛孔，酒精有好处，好处是收缩效果好，而且能杀菌，问题是酒精有挥发性，带走水分，皮肤缺乏水分的时候就会衰老。所以选用爽肤水的时候，一定要看清楚说明或详细询问，要尽量选不含酒精或者含量低一点的。

防晒

有一个误区，今天是阴雨天，所以不需要防晒了，请记住防晒，防的是紫外线，不管阴天还是晴天，它都存在。一般来说，选用面霜的里面都有 spf 的标号，比如 sf15，这就是防晒度，不过在这里要提醒大家，很多防晒的东西是很油腻的，会封锁你的毛孔，一定要注意防晒过后的清洁。

（三）口齿留香感受清新生活

牙齿是口腔的门面，牙齿的清洁是仪容美的重要部分，保持牙齿的清洁卫生，首先要坚持每天刷牙漱口。其次，要少抽烟，少喝浓茶、咖啡。

口腔有异味是很失风范的事情，在工作前不要食用葱、蒜、韭菜、酒等有异味的食物，以免引起乘客的反感。

（四）手的护理和保养

手也是仪容的重要部位。乘务员的手和指甲经常呈现在旅客面前，因此一双清洁的手，是交往时的最低要求。

然后再说说指甲的问题。指甲缝中不能有污垢和斑点。女乘务员可以适当染指甲，颜色限于透明色、肉色和淡粉红色，均匀涂抹，并且保持染色的完整，忌指甲画花。染色指甲长度不超过手指尖 5 毫米，不染色的指甲不超过手指尖 2 毫米，各手指长度保持一样长。

男乘务员手指不得有抽烟留下的尼古丁熏黄痕迹，指甲应保持清洁，修剪整齐，无凹凸不平的边角，长度不超过 2 毫米。

**小知识**

睡觉前，选择一款可以锁水的护手霜，先加热，然后涂抹在手上，然后戴一双纯棉的手套或缠一圈保鲜膜睡觉，第二天取下即可。

（五）饰物

饰物是一种点缀，既点缀服装，又可以点缀心情。在职场上虽然不能佩带过分夸张、昂贵、华丽的首饰，但爱美之心也无需完全隐藏，可以借助得体的饰物流露出来。手表的设计应是保守简单的，表带是金属或皮制的，宽度不超过 2 厘米，颜色限制在黑、棕、蓝、灰；戒指，至多可以戴 2 枚，设计要简单，镶嵌物直径不能超过 5 毫米；耳针只允许戴一副，式样和形式是保守的，镶嵌物直径不超过 5 毫米；项链只戴一条纯金或纯银的，宽度不超过 5 毫米，佩带在衬衣里面；穿职业装不允许戴脚镯、脚链、手镯。

## 二、美丽从脸面开始

最近，某航空公司聘请国内一流的化妆师为在职的空乘设计妆容，并且每位空乘都有一张登机色卡，让乘客感受到规范和高雅。从这件事，我们感受到空乘的化妆是非常重要的。那么首先我们从化妆的工具开始共同学习。

（一）化妆工具的介绍和清洁

蜜粉刷：圆柱形大刷子，是众多化妆刷中最巨型的那种。用它蘸蜜粉轻扫于脸上能把粉末均匀扫上脸，效果比用粉扑更柔和自然。它既可以用来定妆，也可以用来刷去多余的蜜粉，尤其适用于头颈、肩、胸、背部等位置。

腮红刷：比蜜粉刷稍小，较扁平，刷毛顶部呈半圆形。

眼影刷：一种扁身圆头刷，有大小之分，前者可以用来涂底色，能一次均匀涂上颜色，覆盖整个眼窝位置；后者则能仔细描画，令落点更准确。

眉刷：修眉及画眉前可用眉刷将眉毛扫整齐，画眉后以眉刷顺眉毛方向轻扫，可使眉色深浅一致，感觉自然。

睫毛刷：涂上睫毛膏后用它刷开粘在一起的睫毛膏，可让睫毛看起来更整齐。

唇刷：不论是使用唇膏或唇彩，利用唇刷都能画出细致的线条，修饰唇形。还能很方便地将口红管里残留的口红使用光，一点都不浪费；如果没有唇线笔，还可以用来描画唇线；如果有几支口红，可以借助唇刷调出新的颜色，使你的唇色与众不同，更重要的是使用唇刷涂口红更灵巧，涂色会更均匀细致。

拥有一套齐全、优质的化妆工具对化妆固然重要，但工具的保养亦不容忽视，因为工具如用得不得法，其寿命亦会缩短，所以应善用并爱惜化妆工具，做好保养及清洁。

★海绵/丝绒粉扑

海绵粉扑每两至三日清洗一次，丝绒粉扑则每两星期清洗一次。

清洗步骤：

先把粉扑浸湿，再用肥皂在海绵上揉搓。

把海绵浸入水中，以手挤压出泡沫，反复数次。

用清水冲洗，再用纸巾吸干水分，待风干。

（二）扮靓的步骤

1. 女士化妆技巧

粉底

由于密度紧实的海绵容易沾取过多的粉末，有助于遮盖混合肌肤、油性肤质及色素沉淀的痕迹。但对于干性和敏感型皮肤而言，过量粉末容易加剧皮肤干痒不适。因此建议干性和敏感型皮肤的女士们在用粉饼上妆时，使用蓬松的大蜜粉刷取代海绵，不仅能均匀、快速的上妆，更有自然粉肤的效果。

第一步：打亮五官轮廓

完成保养步骤之后，将防晒霜均匀涂在脸上，防止紫外线、彩妆、灰尘等外界因素对皮肤造成刺激。接着使用含有珍珠粉末的妆前隔离霜，涂在皮肤表面增加肌肤光泽感。隔离霜不仅能修饰毛孔、调整肤色，还能有助于完妆后皮肤由内向外透出光泽感。

接着选用米色或淡粉色系的明彩笔点在眉心、眼睛后方的 C 状区块、鼻梁和下巴等部位，然后用指腹轻轻拍开，呈现脸庞的明亮立体感。

第二步：海绵上妆

使用海绵上妆时，为了避免妆感过重，无论你使用哪种形状的海绵，都已面积最小、窄的尖端沾取粉饼，这样才能减少粉体用量。如果是使用粉盒内附赠的海绵片，使用时以食指定住海绵，再用大拇指与无名指由侧面夹住。这样可以减低沾取量。

以鼻子为中心，放射线的将粉末在脸上推开来，脸庞与发际线外围无需再多加粉妆，内厚外薄的底妆让脸看上去更加自然有立体感。

第三步：散粉刷上妆

对于干性皮肤、敏感皮肤或天生丽质的女生，上粉饼只需用大号蜜粉刷就行了。将蜜粉刷来回刷过粉饼沾裹粉末，然后用食指弹弹刷杆几次，抖掉多余的粉末。

接着同样由脸中央开始向外呈发射状刷开。最后，如果你想要更为自然的妆效，可在完妆之后喷一些矿泉水或保湿喷雾，这样做还有定妆的功效。

第四步：修饰瑕疵

对于突如其来的小痘痘，可以使用小毛刷或棉棒沾水，然后将干湿两用粉饼在手上调成浓稠膏状，接着点压在需要修饰的局部皮肤即可。

第五步：喷雾定妆

在容易脱妆的夏日里，完妆后喷上醒肤水或爽肤水，能让妆容更自然的同时，还能定妆、保湿，顺便让肌肤凉爽一下！

眉毛

修整眉毛就像梳理头发一样重要。因为眉毛的形状既能塑造你的双眼，也能营造脸庞的整体外观。而且眉毛形状完全可以决定你的化妆风格。

修整眉毛

并不是所有人的眉毛都需要相同程度的照料。有些人的眉毛只要梳理整齐就行，有些人的眉毛只要拔除几根杂毛就好，但大部分女性的眉毛却要倾注较多的心力。假如是那种眉毛往下长的类型，只须用喷雾胶喷在眉毛上并向上梳理。

遮盖眉毛稀疏部位

假如眉毛过于稀疏，可从眉笔开始着手。因为眉笔比眉粉更容易附着在皮肤上，而且持久不易脱落。你也可以用完眉笔之后再涂一层同色调的眼影，可以很好地为眉毛定妆。

让眉毛有形

眉毛究竟应该有多长呢？你可以用一支铅笔沿着外鼻侧对齐眼角，铅笔与眉毛交会之处即是最佳的眉端位置。一般情况下，有眉拱的眉毛会比较好看，但要尽量用自己天生的眉拱。而且，一定要确定好形状之后再拔去不要的眉毛。眉笔或眉粉都是必需品。描绘的时候手法要轻，仔细地将颜色调均，再抹去一切可能被看出的色块。完成之后，记得用眉刷进行最后的整理。

**小资料**

眉笔：选择眉笔的时候颜色要比自己的眉毛颜色浅，这样你就是多次描绘也不会让眉毛看上去很假或者不干净。

拔除：拔眉毛的时候千万要小心谨慎，你无法将已经拔下来的眉毛给粘回去，要让它们重新生长出来差不多要一个月的时间。

眉形：不要试图彻底改变你的眉形。假如你有一对浓密的眉毛就不要将它修成柳叶眉，否则光是维持眉形就够你抓狂的。

修剪：并不是所有不顺的眉毛都要拔掉，有些伸出形状之外的只要用剪刀剪短就好。硬是要拔除的话，可能会在眉毛上留下缺口。

拔毛：正确拔除眉毛的方法是，一手拿眉毛刷，一手拿斜口镊，一次只对付一根眉毛，顺着眉毛生长的方向拔。拔完后记得上些收缩水。

第一次：假如你是第一次修眉，或者你对拔眉毛这件事感到恐惧的话，不妨求助于专业人士。当然也可以交给修眉毛已经很老练的朋友，日后只要照着已经有的眉形依葫芦画瓢就行。

顺序：拔眉毛的时候先从不需要花脑筋即可明确作出判断的眉毛下手，像是生长在眉间、眉骨、眼皮上的杂毛。

标准：虽然已经告诉你一些修整眉毛的方法，但并不是一定要一成不变地遵守这些规则。事实上，每一张脸都是不一样的，眉毛长一点还是短一点，都完全因人而异。

**眼睛**

眼睛是心灵的窗户，一个好的眼妆，会使整个面部看起来更精神。

习惯上，画眼妆的顺序为先画眼线，再画眼影，最后染睫毛膏。

首先讲讲怎样画眼线。

市面上的眼线笔大致可以分为铅笔状和液体状两种。对于初学画眼线的人来说，最好先学使用铅笔状眼线笔，等熟悉了手部动作以后，再开始使用眼线液。眼线液画出的效果会更深一些，线条更明显，眼线笔则显得柔和一些。眼线的颜色有很多种，不过咖啡色系和灰色系亚洲人用起来最自然。皮肤白皙的人比较适合用咖啡色系，而皮肤较黑，或是想制造浓妆效果的时候，用黑色的眼线效果不错。橘红、红色和金色都是东方人适合的眼线颜色，不过就更要注意和衣服、眼影等的色彩搭配。

眼线的标准画法是：只画眼皮的褶皱处，先画上眼线，从内眼角开始画，紧贴着睫毛根部的外沿描至眼尾。内眼角的线条要细而浅，外眼角的线条要粗而重，眼尾可适当延长并上扬。下眼线应从外眼角画到内眼角，只画眼长的2/3，或是只画眼头和眼尾。注意在眼尾处应有小的分开，不要画成一个框。

如果画坏了，用化妆棉棒沾上少量卸妆液修改，千万不要用手去抹。

眼线的粗细长短，可以改变一个人眼睛的形状，并起到修正眼部缺陷的作用。比如在眼线的中心部位画粗一些，眼睛就会短一些，大一些；在眼尾将眼线适当延长，眼睛就会狭长一些；下眼线比上眼线画粗一些，眼睛的位置就会被降低，显得面部更活泼；上眼线画得更强调一些，会起到抬高眼睛位置的作用，显得成熟稳重些。

其次来学习眼影的画法。

眼影是一个对色彩感要求比较高的工作，必须依照自己的年龄、身份、服饰以及具体场合来进行恰当的搭配。好的眼影颜色搭配，不仅能突出眼部的特点，更能增加眼部立体感，起到锦上添花的作用。

画眼影的基本步骤如下：从眼睑尾部的睫毛根部开始上色，由眼头至眼尾方向抹开。一次上色应该淡一些，通过多上几次来达到效果。再顺着眼睛的幅度将眼影染开，最后将浅色眼影刷在眉骨上。

通常情况下，靠近上眼线的地方要用深色眼影，依照颜色的深浅过渡慢慢从眼部由下向上逐渐变浅，直到眉部，眉部的颜色应该是最浅的。刷眼影的时候应该注意比眼线略微长一些。

下面分析一下几种东方人最常用的眼影颜色。

棕色属于中性色调，很容易与皮肤搭配，显得自然大方，不会出错，但是也很难出彩。

粉红色属于明亮色调，有调和性，柔和，妩媚，有强调眼部明净的效果。

紫色是一款很能强调东方人肤色和眼形的颜色，具有神秘感，可使眼部显得妩媚，不过皮肤黑的人要慎用。

蓝色属于对比色，具有跳跃性，不适合大面积使用。可作装饰色用在内外眼角及眼皮褶里，起到点缀的效果。

就年纪而言，年青的女孩适合用含有亮粉的浅色系列，切忌使用多种颜色，使用单色系，可以体现出其青春活泼的性格。成熟女性也可以使用粉红色系，会显得相对年青；也可以用比较深的颜色，比如紫色、蓝色、金棕色等，会显得成熟、性感。

第三，如何涂好睫毛膏。

主要工具：化妆棉棒、干净的睫毛刷、睫毛梳、睫毛夹和睫毛液。

东方人一般准备两种颜色的睫毛膏就可以了。毛发颜色深的，准备黑色和透明色；毛发颜色浅的，用咖啡色和透明色。不管什么颜色和功能的睫毛膏，最好还是要能防水。

一切准备好了以后，该给睫毛上睫毛膏了。

先用化妆棉棒沾化妆水轻轻擦干净睫毛，再扑一点散粉在上面。

然后用睫毛夹夹住睫毛根部，停留几秒钟，再向尖部移动，每间隔5毫米左右夹紧停留一下，直到睫毛尖部。

接下来打开你的睫毛膏，注意不要直接拉出来，动作要慢，到开口处旋转一下，将多余的睫毛膏去掉，然后把化妆镜放在低一些的位置上，双眼向下，开始涂。涂的时候，要从根部由内向外涂。先涂一层透明的睫毛膏，再涂有颜色的。

刷上睫毛的时候，睫毛刷和睫毛成平行状，用"Z"字刷法。不要一次涂太多，刷完一层，等干了以后再刷第二层。一般情况下，刷两层就行了，刷太多，睫毛会太重，在眼部会形成阴影，使其看起来好像有黑眼圈。

刷下睫毛的时候，睫毛刷和睫毛成垂直状，下睫毛刷一层就够了。

刷的过程中，要不断用化妆棉棒清洁沾在皮肤和眼皮上的睫毛膏，有沾上的睫毛，要用干净的睫毛刷或是睫毛梳梳开。

刷完以后不要眨眼睛，至少等10秒，睫毛膏干了以后再眨。

刷好了的睫毛不适合再用睫毛夹夹它了。因为这时候睫毛已经变硬了，再夹就很容易断。

嘴唇

掌握正确的唇膏涂法，拥有魅力双唇。

使用唇膏，关键是要掌握正确的涂抹方法。首先应使用唇刷来涂抹，再有就是要意识到唇膏会脱落的事实，在吃饭后或是经过一段时间之后，要用化妆镜仔细查看一下，看看唇膏是不是花了，是否出现脱落现象。保持完好的唇部印象是唇部化妆的基本技巧。

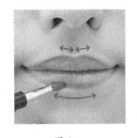 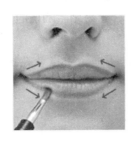 

图1　　　　　　　　　　图2　　　　　　　　　　图3

首先要确定上唇的唇峰和下唇的底线，在这几个点用唇线笔描上短线。若是唇部与唇周肌肤的分界不太明显，可以稍稍向外描出轮廓一点；若是唇部颜色原本就不太均匀，可事先抹一点粉底遮盖。

分别自外向内描画唇部轮廓，将图1中定出的几条短线连接起来。唇部与周围肌肤分界不明显的人，并不需要在整个唇部加大轮廓线，只需在嘴唇饱满部位画出轮廓就会很漂亮。

涂唇膏时，一定要从下唇开始涂起。在图2中画好的唇线内，自内而外地一点点涂抹均匀。下唇涂好后，再按照同样方法涂抹上唇。

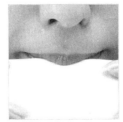

图4

涂完后，用嘴唇轻含面巾纸迅速抿一下，马上松开。这样，唇膏就能与唇部肌肤紧密融合，自然持久，不易掉色。但是，如果抿得太重，口红就容易脱落，所以轻轻抿1次即可。


香水

随着社会文明的不断进步，应用香水已经是空乘工作中不可或缺的部分，那么该如何正确使用呢？

▲身体的哪些部位是擦香水的最佳点？

擦香水的地方一般以动脉处为佳，因为此处体温较高，血液循环较好，就好像是香水的促进剂，可以加速香水与人体的结合，让香水散发得更好。人体的动脉分布处是：靠近颈部的耳朵部分、手腕、手关节内部、膝盖后方、喉咙的下方等处。

▲如何使用香水？

若是喷式香水，可以将香水拿至离自己20～30厘米的地方，轻轻向空中按压，然后向香水走去，让香水的雾气均匀地落在身上。

如果是抹式香水，你可以用指沾取适量香水，涂抹在动脉处就可以了，但请记得用前先洗手并擦干，以防手上的细菌使香水变质。

▲身体哪些部位不适宜涂抹香水？

脸部：香水里的酒精成分会刺激细嫩的脸部皮肤；

伤口及发炎的、容易敏感的地方；

口腔内部：千万别以为，它只会让你吃进苦的香料和酒精；

晒伤的皮肤：香水中的酒精成分，容易刺激晒伤的皮肤，使你觉得不舒服。

2. 男士化妆技巧

男士和女士的化妆技巧有很大的不同，重点就在护肤，因为现代社会男人也要顾面子。

护肤

男性护肤有三个最基本的步骤：

（1）洁面——除男士专用洁面品外，一些偏碱性、质量好的洁面品也不妨一试。要注意的是，如易长粉刺或痘痘，则须避免选用刺激性大或会产生粉刺的洁面品。

（2）爽肤水（或称须后水）——洁面、刮须后拍上爽肤水可令肌肤清爽舒适，除了能为肌肤补充水分外，亦有助促进血液循环、收敛毛孔、修护刮须后的微创口；有助乳液或面霜更易被肌肤吸收。

（3）乳液或面霜——以弱油或无油配方、使用时感觉不粘为宜。乳液或面霜能即时滋润肌肤，同时形成一层保护膜，有效保护肌肤内的水分。

香水

现代男士香水一改以往浓烈、刺鼻的香型，开始出现了女性化倾向，香气中有一些清新的甜味，前两年流行的烟草味、海洋清香等在今新款中都没有发现，森林木香成为男香的主流。据介绍，一般来讲，都以木香的清新沉缓为主调，给人以厚实感；外加一些独特的花草香料，如紫罗兰叶、小豆蔻、薰衣草等，使香味更饱满。

现今已有愈来愈多的男士开始注重服装以外的形象包装。洒香水正被更多的男士接受和喜爱。男性选用香水往往比女性更注重品牌和内涵，优质香水的高雅乃是一种身份和品位的标志。

## 二、美丽的职业形象展现自我

**想一想**

当你看到这张照片的时候，可以猜出她们的职业吗？

相信大家一眼就可以判断出来她们的职业——空乘人员。而我们判断的依据有很多，比如微笑、外貌、丝巾和着装等等。这些依据就是她们的职业形象。

**思考**

当我们在候机大厅中等待的时候，看到空姐从身边走过，都会觉得她们特别的美！

难道每个空姐都长得漂亮吗？好像不是这个原因，她们中也有长相一般的，更何况我们有时只看了一眼，有可能都没有看清晰。那是什么原因呢？很多人都会说"服装好看"，其实归根结底就是空乘人员通过制服，展现给了我们一种整体的美、气质的美及和谐的美。而这个就是空乘人员的职业形象。

那么什么是职业形象呢？

我们身边的职场当中，有各式各样的人们，有耀眼的，有暗淡的；有热情的，有冷漠的；但是不管是什么样的形象，只要你身在职场，你的形象就一定受到工作性质的约束，而这个时候，你的着装就不是一个人的事情了。它必须在满足你的要求的同时，还要满足职场的要求。

换句话说就是在职场中，我们要穿出"职业感"，就是要穿出"角色意识"，我们的美丽永远是第二位的，而职业形象永远排在第一，那么我们该怎样打造美丽的职业形象呢？

让我们从制服开始，打造属于职业的美丽形象吧。

### （一）空姐的着装要求

为什么空姐装那么好看？

在空姐的造型上，很多航空公司都是下足了本钱的，一整套衣服下来成本要近万。设计方面也是很讲究的。

空姐装包括哪些配件？

空姐服一般都有夏装、春秋装、冬季大衣和围裙多个款式，其中包括西装、衬衣、马甲、裤子、大衣、风衣等，相关的配件还有空姐帽、丝巾、黑尖头皮鞋、丝袜、箱包等。考虑到旅客的视觉享受，不少空姐服从箱包到皮鞋再到丝袜，全部都是名牌货，用料也是顶级的。

人们常说工作着的女人是最美丽的，那么工作时的着装无疑也是最应该注意的。空姐的职业装多为端庄大方的套装，颜色以内敛的蓝色或热情的红色为主，可以是裙装也可以是裤装，里面搭配衬衣。

1．整洁的制服

一般在值勤期（接、送旅客）需要穿全套制服，在穿着时应当系好所有纽扣；而其他飞行阶段（平飞阶段、送餐时间等）应当统一着装。

2．清爽的衬衣

衬衣应熨烫平整、干净，穿着时必须扣好所有纽扣，将衬衣下摆系在裙子内，衬衣内必须穿白色或肉色文胸。

3．亮丽的帽子

穿制服外套、大衣进退场时应当将帽子戴在眉毛上方1至2指处。

会议和用餐时必须脱帽，放在飞行箱上。

4．标准的鞋袜

工作时必须穿着统一配发的皮鞋，皮鞋保持光亮、无破损，注意鞋跟的保养、修理。袜子只可穿肉色的，不得有抽丝、破洞现象，执行任务时要有备用袜。

5．背心（马甲）

冬季、春季执行空中服务时穿着背心，但餐饮服务时必须穿围裙。

6．大衣

着大衣时必须扣好纽扣，系好腰带并且佩戴帽子。

7．登机证

佩带在胸前，以便有关人员检查，上机后摘下，收好。

8．服务牌

佩带在衬衣、背心、外套、围裙的右上侧。服务牌完好，字迹清晰。

9．围裙

餐饮服务时穿系，保持熨烫平整、干净，无油污。

10．丝巾

丝巾是整套职业形象中最突出的亮点，会让"空中的彩虹"变得更加靓丽。

下边就请大家一起来练习几种常用的空乘丝巾的打法。

丝巾打法一：

（1）将大方巾折成合适的宽度，在脖子上系一个活结。

（2）打一个单边蝴蝶结，转至颈侧，将单边蝴蝶结整理成花朵状。

（3）将短的一端丝巾角扭紧成麻花状，在花朵下方由顺时针方向（给别人打时为逆时针方向）盘绕。

（4）结尾刚好可塞进蝴蝶结的结眼内，整理好形状即可。

丝巾打法二：

（1）将丝巾对角系成死结。

（2）然后另外两个角从结下对穿，轻拉后再重复一次。

（3）最后轻拉，漂亮的花朵就出现了。

（二）男空乘的职业形象

1. 潇洒的制服

一般在值勤期（接、送旅客）需要穿全套制服，在穿着时应当系好所有纽扣；而其他飞行阶段应当统一着装。

2. 洁净的衬衣

衬衣应熨烫平整、干净，穿着时必须扣好所有纽扣，系领带，将衬衣下摆系入裤子中。短袖衬衣佩戴肩章，长袖衬衣与背心、外套配套穿着。

3. 帅气的帽子

在执行任务时，除在客舱内其他时间均戴帽子，帽子戴在眉毛上方 1 至 2 指处。会议和用餐时必须脱帽，放在飞行箱上。

4. 标准的鞋袜

工作时必须穿着统一配发的皮鞋，皮鞋保持光亮、无破损，注意鞋跟的保养、修理。穿配发的袜子或同色的袜子。

5. 马甲

空中服务时穿马甲。

6. 大衣

着大衣时必须扣好纽扣，佩带帽子。

7. 登机证

佩带在胸前，以便有关人员检查，上机后摘下，收好。

8. 服务牌

佩带在衬衣、背心、制服外套的左上侧，服务牌完好，字迹清晰。

（三）制服的保养

制服是一种很特殊的服装，一件制服可以反映一个人的职业形象，展现其精神风貌。应该按照规定穿着，保持平整，及时熨烫；要确保制服干净、整洁、挺括。提醒大家，既然代表公司统一着装，所以在穿着时一定要注意以下问题：

1. 制服上无油污、掉纽扣、皱折、撕破、织补、毛边、露出里衬、开线及穿着自己衣服等现象；

2. 忌大声喧哗、嬉笑、吵闹等；

3. 不宜进入娱乐场所、商店等公共场所；

4. 不宜进入本公司以外的餐厅、食堂用餐；

5. 忌边走边吸烟、嚼口香糖、勾肩搭背等；

6. 帽子应拿在手上或夹在手臂处；

7. 尽量少佩戴首饰。

通过学习，相信同学们已经基本掌握了打扮自己的方法了，只要多练习，相信你离自己的梦想就会越来越近了。

**练一练**

1. 精心打造自己的职业照。

良好的仪表是非常重要的，那么经过学习，相信同学们对如何打扮自己已经心里有数了，那么现在比照这一张国内航空公司空中乘务员的照片，全方位（化妆、着装）的对自己进行包装，然后交一张二寸、六寸照片，为今后的就业实习做好充分的准备。

2. 行业模拟。

将全班同学分成四组，然后根据提供的场景，进行站、坐、行、蹲以及手势的练习。

场景一：机场问讯处。

场景二：机舱门口，迎接旅客。

## 第三节　空乘人员得体的职业语言

### 一、亲切地问候

人类在语言交流中，问候语是使用频率最高、使用人数最广泛的一种语言。

当乘务员每次站在登机口，面带微笑，轻声说声"您好"的时候，不要觉得这很简单，这也是需要练习的，那么就让我们从问候开始，让乘客感受优质服务吧。

（一）问候语的变迁

我国素有"文明之邦"的美誉，人们在见面时相互问候不但是习以为常的礼仪，而且问候语的内容别有一番含义。语言虽然简洁扼要，却具有显著的社会特征和人们的生活常态。

今天，尽管我国绝大部分地区已解决了温饱问题，但是，"你吃了吧"的问候语仍在相当多的人群中流行，尤其是饱受旧社会之苦的老年人以及如今还没有解决温饱地区的人们，他们见面时，往往仍在使用这句问候语。

不过，许多人已经意识到，现在人们的生活水平普遍提高，人们所关心的不再是能否吃饱，而是如何吃得好，怎样科学饮食，讲究营养摄入，因此用"你吃了吧"来相互问候已不合时宜了。实际上，"您好""早上好""晚安"等问候语早已在许多人群中流行开来。

特别是改革开放以来，一方面由于人们文化素质和道德修养的不断提高，另一方面国际间的交往日趋频繁，国外的一些问候语也传入我国，并被一些人接受，"哈罗""OK""嗨"等问候语等也在相当一部分人中用来问候别人。

总而言之，从我国问候语的变迁过程中，我们不难看出，问候语虽然在形式上显得短小精悍，却具有显著的社会生活特征，它的变化发展，体现了社会的文明进步，也反映了我国社会发展进步的轨迹

（二）问候的顺序——尊者优先

一般在见面时，问候语主要由下属、年青人、晚辈和男士先发出，而上司、年长者、资历深者和女士再作应答，真正让后者从心理感受到尊重，因为内心尊重才能够在称呼的语气和内容上体现出来。当我们在客舱进行服务时，更应主动问候每一位乘客。

（三）问候的分类

根据不同情况，问候也有所区别。

1. 标准式问候用语：直接了当的向对方问候。

例如"您好""先生好""女士好"。

2．时效式问候用语：根据不同时间段，在问候前加上具体时间。

例如"早上好""中午好""下午好""晚上好"等

3．节日式问候用语：根据不同的节日，在问候前加上具体节日。

例如"新年好""中秋快乐"。

但有些节日比如重阳节、儿童节都只能说"您好，祝愿身体健康"，还有特殊的节日，比如"清明节"就不能再问候了。

（四）问候的技巧——熟能生巧

1．主动问候

在对乘客进行服务的时候，一定要争取主动，在美国，有一个"20＋1"的服务理论，指的是当顾客离你有20步远的时候就要用眼神开始招呼客户，当顾客离你有1米远的时候一定要主动面带微笑，轻声问好，动作虽简单，但无时无刻不反映出服务人员对客户的尊重。

2．轻声问候

动听的声音应该是饱满的，充满了活力，能够调动他人的感情。声音还可以反映出人的心态。音质清澈、语调抑扬顿挫的声音，可以散发出独特的性格魅力，并且提高交流效果。心理学家研究发现，人与人之间的交流58%通过视觉，35%是通过听觉来实现的，只有7%是我们实际的语言。35%的听觉交流是通过语言表达来实现的，它包括音质、音频、语调、语气、停顿等，这些被称为副语言。乘客可以通过对声音的印象判断航空公司的性质、乘务员的专业化程度、服务态度等。轻柔的声音，让人感觉到有亲和力；沉稳的声音，让人感觉到航空公司有信誉、安全。

3．入乡随俗

这里要强调入乡随俗，比如北方多称为"同志"，广东多在男女前加"靓"。如果大家都比较习惯称呼"张姐""王哥"，你就不要独树一帜地称呼"张小姐"或"王先生"。另外在一些外企大家都直呼其英文名，你也应如法炮制，但是要记住称呼并不代表工作能力和关系亲疏，还是要时刻记住自己的身份，不要标新立异地使用一些称呼，从众是最安全、稳妥的做法。

4．形神兼备

问候的时候要注视对方的眼睛，明确而又坦诚地表达对对方的欢迎，同时这也是一种尊重。微笑、点头和致意，这样的问候才能起到传情达意的效果。生硬而单纯的嘴唇表达，有时就是一种蹩脚的演出，反而会给对方造成不受尊重、被敷衍的感觉，因此不要让"问候"使你的形象大打折扣。

5．身份平等

刚参加工作的乘务员，在工作中除了对待乘客，还要面对所有的上司和同事，这时应有一个平等心态，千万不要在称呼上分出彼此的远近亲疏，否则会给你的工作带来不必要的麻烦。比如你和哪个领导关系比较好，或者比较受某个领导的赏识，千万要注意好分寸，不可让领导觉得太过亲热不自在，也避免引起其他同事的反感。不要自以为是地对领导使用一些亲昵的称呼，每一个领导都希望在员工面前树立公平公正的领导形象，一声过于热乎的称呼反而会给领导增添不必要的麻烦。还有，对一些年长而职位不高的人，不要轻视或轻蔑。

小资料

## 一个乘务长的日记

在我成为乘务长以后，乘务员在飞机上基本都称呼我"袁姐"。一次，我和自己的好朋友马可一起飞行，她和我一起进入公司的，但由于种种原因暂时还不是乘务长。飞机过站时我俩正在客舱前部工作，后舱的小乘务员走过来对我说："袁姐，后面的餐食有110份，我已经清点完毕，您签字吧。"然后她扭过头对我的好朋友马可说："马可，我能用一下你的梳子吗？"马可其实比我还大一岁，而小乘务员

仅仅因为她不是乘务长就直呼其名。事后，马可觉得很难过，十分沮丧，此前她从来没有意识到职位的差别竟会导致人们对我俩的态度有如此不同，整个航程地闷闷不乐。我也很愤怒，一再开导她可能小乘务员只是无心之言，并开玩笑地"抱怨"："一定是我比你显老，你容貌秀丽让人看不出年纪。"但是，小乘务员对我的尊敬和对她的无所谓，摆在眼前，让人无法忽视。

因此无论职位怎样，对公司一些年长的员工都应该予以尊敬，一个体贴的称呼非但不会令你损失什么，相反可能会为你个人加分许多。如果能够带给别人轻松快乐的体会，为什么一定要有意无意去戳别人的痛处呢？

6. 场合

刚刚学会说话的孩子，对自己的父母直呼其名，父母会喜上眉梢并觉得这个孩子记忆好、口齿灵，可是在外人看来孩子是没大没小，会质疑父母是怎么教育的；年青的女孩刚进公司，对年长的同事称呼"姐姐"，我们觉得她乖巧懂礼，可若一个男孩子张口称呼同事"姐姐"，恐怕少不了要起一身鸡皮疙瘩；公司新来一个外国同事，他有一个好听的中国名字，大家也都这么称呼他，而你若是偏要称呼他的英文名，不但他觉得奇怪，其他同事也觉得你这个人太不随和，喜欢出风头。所以，称呼不是张口就来的，是让人家爱听受用的，你需要多斟酌。

孔子两千多年前就说过："不学礼，无以立。"意思是做人要有礼貌，没有礼貌，怎么来做人啊！问候是简单而有学问的事儿。只有发自内心的热情问候，才能感染和打动别人。良好而得体的问候会使你和同事的关系越发融洽、和谐，使你与客户的关系变得亲切，更能事半功倍。

问候如茶，希望每个人都能端着这杯清香的茶滋润自己的生活。

## 二、礼貌称谓

人际交往，礼貌当先；与人交谈，称谓当先。使用称谓，应当谨慎，稍有差错，便贻笑与人。恰当地使用称谓，是社交活动中的一种基本礼貌。称谓要表现尊敬、亲切和

文雅，使双方心灵沟通，感情融洽，缩短彼此距离。正确地掌握和运用称谓，是人际交往中不可缺少的礼仪因素。

（一）称谓的种类

1. 姓名称谓

姓名称谓是使用比较普遍的一种称呼形式。用法大致有以下几种情况：

全姓名称谓，即直呼其姓和名，如"李大伟""刘建华"等。全姓名称谓有一种庄严感、严肃感，一般用于学校、部队或其他等郑重场合。一般地说，在人们的日常交往中，指名道姓地称呼对方是不礼貌的，甚至是粗鲁的。

名字称谓，即省去姓氏，只呼其名字，如"大伟""建华"等，这样称呼显得既礼貌又亲切，运用场合比较广泛。

姓氏加修饰称谓，即在姓之前加一修饰字，如"老李""小刘""大陈"等，这种称呼亲切、真挚。一般用于在一起工作、劳动和生活中相互比较熟悉的人之间。

在服务行业中，记住顾客的姓名已经成为一种服务技巧。英国哲学家培根说过："人最喜欢听的语言就是自己的名字。"当服务人员准确地叫出客人的姓名时，尽管服务人员并没有为顾客提供任何特殊服务，但是顾客会有一种特别被尊重、被重视的感觉。在空乘服务中，对头等舱客人应当提供"姓氏服务"。

2. 亲属称谓

在服务工作中，应使客人有宾至如归的感觉，亲属称谓恰好体现出人际关系的亲切感。

我们的乘客各个年龄层次都有，对老年乘客可以称呼"大爷、大妈，老大爷、老大娘"等，对少年儿童乘客可称呼"小朋友、小妹妹、小弟弟、小姑娘"等，对有些成人乘客可以称呼"大姐、大哥"等。这些亲属称谓很容易拉近乘客和空乘服务人员的情感距离，创造温馨和谐的氛围，有利于服务工作的顺利开展。

3. 职务称谓

职务称谓就是用所担任的职务作称呼。这种称谓方式，是为了表示对对方的尊敬和礼貌。主要有三种形式：

用职务呼，如"李局长""张科长""刘经理""赵院长""李书记"等。

用专业技术职务称呼，如"李教授""张工程师""刘医师"。对工程师、总工程师还可称"张工""刘总"等。

职业尊称，即用其从事的职业工作当做称谓，如"李老师""赵大夫""刘会计"，不少行业可以用"师傅"相称。

（二）称谓的国际惯例

在国际交往中，一般对男子称先生，对女子称夫人、女士、小姐。已婚女子称夫人，未婚女子统称小姐。不了解婚姻情况的女子可称小姐，对戴结婚戒指的年纪稍大的可称夫人。这些称呼均可冠以姓名、职称、头衔等。如"布莱克先生""议员先生""市长先生""上校先生""玛丽小姐""秘书小姐""护士小姐""怀特夫人"等。

对地位高的官方人士，一般为部长以上的高级官员，按国家情况称"阁下"、职衔或先生。如"部长阁下""总统阁下""主席先生阁下""总理阁下""总理先生阁下""大使先生阁下"等。但美国、墨西哥、德国等国没有称"阁下"的习惯，因此在这些国家可称先生。对有地位的女士可称夫人，对有高级官衔的妇女，也可称"阁下"。

君主制国家，按习惯称国王、皇后为"陛下"，称王子、公主、亲王等为"殿下"。对有公、侯、伯、子、男等爵位的人士既可称爵位，也可称阁下，一般也称先生。

对医生、教授、法官、律师以及有博士等学位的人士，均可单独称"医生""教授""法官""律师""博士"等。同时可以加上姓氏，也可加先生。如"卡特教授""法官先生""律师先生""马丁博士先生"等。

对军人一般称军衔，或军衔加先生，知道姓名的可冠以姓与名。如"上校先生""莫利少校""维尔斯中尉先生"等。有的国家对将军、元帅等高级军官称阁下。

凡与我国有同志相称的国家，对各种人员均可称同志，有职衔的可加职衔。如"主席同志""议长同志""大使同志""秘书同志""上校同志""司机同志""服务员同志"等，或姓名加同志。有的国家还有习惯称呼，如称"公民"等。在日本对妇女一般称女士、小姐，对身份高的也称先生，如"岛京子先生"。

（三）使用称谓要规范

称谓的使用是否规范，是否表现出尊重，是否符合彼此的身份和社会习惯，是一个十分重要的问题。

1. 无称呼

就是不称呼别人就没头没脑地跟人家搭讪、谈话。这种做法要么令人不满，要么会引起误会，所以要避免。

2. 替代性称呼

就是非常规的代替正规性称呼的称呼。客舱中称呼乘客几号、"下一个"等等，这是很不礼貌的行为。

3. 易于引起误会的称呼

因为习俗、关系、文化背景等的不同，有些容易引起误会的称呼切勿使用。比如中国大陆的人，很传统的一个称呼就是同志，但在海外一些地方，甚至包括港澳地区，就不适用了。"同志"在那里有一种特殊的含义——同性恋。

4. 地方性称呼

北京人爱称人为"师傅"，山东人爱称人为"伙计"，中国人常称配偶为"爱人"等。但是，在南方人听来，"师傅"等于"出家人"，"伙计"就是"打工仔"，外国人则将"爱人"理解为"第三者"。

5. 不适当的简称

比如叫"王局（长）""李处（长）"一般不易引起误会，但如果叫"王校（长）""李排（长）"就易产生误会。

此外在称呼他人时还要避免误读［如将仇（qiú）读成（chóu）等］、误会（如将未婚女子称为"夫人"等)、过时的称呼(如将官员称为"老爷""大人"等)、绰号(如"拐子""罗锅""四眼"等)等等。

总之,称谓是交际之始,交际之先。慎用称谓、巧用称谓、善用称谓,将使你赢得别人的好感,将有助于你的人际沟通。

### 三、交谈为我们架起人与人相处的桥梁

交谈是判断一个陌生人的社会地位、生活、生活背景和可信度的最有效的工具。谈话的内容和技巧也是一把衡量人的真实品格的精密尺子。你所涉及的谈话内容,你所选用的语法、词汇、语音、口音等等,都像画笔似的在一笔一笔增添优雅的形象。

一个善于用语言与人沟通的人,他取得成功的可能性也较大,强化语言修养,学习、掌握并运用好交谈的礼仪至关重要。

(一)交谈的两个原则

1. "三A原则"

**案例**

> 一次,由于天气原因,从九寨沟飞往成都的航班延误了四个小时。旅客在登机时都充满了抱怨,乘务员在舱门处一遍遍对旅客们说着欢迎和表示道歉的话。
>
> "下午好,很抱歉让您久等了!"
> "飞机延误,给您添麻烦了!"
> "下午好,大家辛苦了,真抱歉!"

虽然很多乘客都在抱怨,但当听到这样的主动道歉,一方面暂时平息了旅客本来愤怒的情绪,另一方面也在某种程度上得到旅客的同情和谅解。但同时有一点是空乘每一次问候都应格外注意的,即对待相邻的三位旅客,尽量不要使用相同的问候,而是尽可能变化问候内容,让每一位旅客都感觉到对他的重视。

这是服务业著名的"敬人三A"原则,其中文意思就是"接受别人""重视别人"和"赞美别人"。

首先要能够接受(Accept)别人,这是很重要的。当然接受自己熟悉的人没有问题,既然强调接受别人就一定要能够接受在常人眼里接受不了的别人,也就是说要能够接受批评和投诉自己的人。接受别人,就需要全面认识别人。作为乘务员我们最需要的是接受给我们投诉的乘客,因为乘客的投诉才是企业优质服务发展的源动力,我们为什么不能去接受他们呢?善待别人就是善待自己,接受别人的同时,别人才会接受你。

其次要自觉重视(Attention)别人,这也是接受别人的思想基础。发自内心的重视别人,才可以受到别人的重视。尊重对方,其实就是在尊重你自己。"人人为我,我为人人"的顺序错了,应当是"我为人人,人人为我",通俗的讲也是"我重视人人,人人才重视我"。我们没有理由让别人先为我或让别人先重视自己,而必须自己先重视别人才行。

第三要学会赞美(Admire)别人,这是不容易做到的。无论是客户还是朋友,你的

尊重之情通过简单的三言两语就会传达出去。体现这种尊重的方式有很多种，比如用真诚的态度和表情去问候，使每个听到问候的人都如沐春风；还有就是努力记住别人的名字，并在谈话中经常使用尊称，这样很容易使对方的自尊心获得满足，并且知道了在你心中他的位置如此重要，那么接下来的交谈自然就会变得顺畅。

尊重、接受和赞美，这几个词说起来十分简单，要真正做好却不容易。有的人三言两语，就能让人心生喜欢，你会觉得他的笑容，说话时的手势和举止，总是透着一股说不出来的吸引力。其实这样的人无一不具有真诚的交谈品质，他们的这种尊重与诚恳的态度，通过言谈举止传达过来，使你最终被打动。世间许多事情莫不如此，态度比技巧有时更为重要，态度正确了，你自然会得到与之相对应的结果。

提高语言的表达技巧，并非一朝一夕的速成之事，但是若你有一个良好的态度，技巧就不是那么重要了，你的"敬人三 A"的表达态度，会无声无息滋润对方的心田。

2. "白金法则"

"白金法则"是美国著名学者亚历山德拉、奥康纳等人提出的，其基本内容是：在人际交往过程中，尤其是在服务岗位上，若要获得成功，就必须了解乘客需要什么，然后在合法的条件下努力满足对方。

这意味着，空乘服务人员在工作岗位上要摆正自己的位置，做到处处以服务对象为中心，做到对乘客时时有求必应，事事不厌其烦。同时，空乘服务人员需具有换位思考能力，在服务时真正地容纳和善待乘客。此外在服务过程中，空乘服务人员应以一种正确而健康的心态宽以待人，尊重乘客，善待乘客。

（二）言谈技巧

在交际的言谈中，首先是要让对方正确了解、领会自己所表达的含义。这是沟通的最低标准。为此，除了方法准确、通畅外，还必须丰富自己的词汇，做到精练思想言简意赅，在此基础上，交际还应掌握以下四个方面的言谈技巧：

1. 谦敬语的使用

下面这些客套话，会显示出你的修养来。

初次见面说"久仰"，分别重逢说"久违"。

请人批评说"指教"，求人原谅说"包涵"。

求人帮忙说"劳驾"，求人方便说"借光"。

麻烦别人说"打扰"，向人祝贺说"恭喜"。

求人解答用"请问"，请人指点用"赐教"。

托人办事用"拜托"，赞人见解用"高见"。

看望别人用"拜访"，宾客来到用"光临"。

送客出门说"慢走"，与客道别说"再来"。

陪伴朋友用"奉陪"，中途先走用"失陪"。

等候客人用"恭候"，请人勿送叫"留步"。

欢迎购买叫"光顾"，归还原主叫"奉还"。

对方来信叫"惠书"，老人年龄叫"高寿"。

上面这些客套话都属于敬语和谦语，如能适当运用它们，会让人觉得你彬彬有礼，很有教养。它可以使互不相识的人乐于相交，熟人更加增进友谊；请求别人时，可以使人乐于提供帮助和方便；发生矛盾时，可以相互谅解，避免冲突；洽谈业务时，使人乐于合作；批评别人时，可以使对方诚恳接受。

另外敬语中"请"字功能很强，是语言礼仪中最常用的敬语。如"请""请坐""请进""请喝茶""请就位""请慢用"等。"请"字带来了人际关系的顺利进展，交往的顺利进行。

当言行失误之时，说"很抱歉""对不起""失礼了""不好意思"等。

请求别人谅解时，可说"请包涵""请原谅""请别介意"。

有些敬语或谦语是把日常使用语进行文雅化的修饰，而使之成为日常通用的谦让语。比如把"我家"说成"寒舍"，把"我到您那儿去"说成"我去拜访您"，把"请您看看"说成"请您过目"，把"我认为"说成"以我的肤浅之见"，把"请您收下"说成"请笑纳"等等，都是这样的。

为乘客提供餐饮服务，对乘客说"你吃不吃"或"你喝不喝"是很无礼的，应该说"请您尝尝"或说"请您慢用"，这才较为合适。

当然在平时，即使你是率直、不拘小节的人，对别人说话时也应尽量注意礼貌及谦和的态度，如经常不忘以诚恳的口吻说"请""谢谢""对不起""您好""麻烦您""抱歉""请原谅"等谦让语，必定使你待人处事更加顺利成功。

2. 巧引话题

几乎任何话题都可能成为良好的谈资。只要我们在平时处处留心，就可以发现许多引人入胜的话题，如体育运动和近期赛事、小说、电影、话剧、食物、烹饪、天气、名胜风光、电视节目、流行时装、畅销书、"热门话题"、个人嗜好、个人的特殊经历等。

在工作中，有时乘客会主动与空乘服务人员交谈，谈论的内容五花八门，比如在空姐身边经常发生这样的事情，"乘务员，可否留下你的电话，以后我们可以联系啊？"面对这种情况，如果乘务员直接说"不"，很容易给自己带来麻烦，比较合适的就是引开话题，比如："先生，在飞行中我们不能开机，您可以把您的电话留给我，我下机后和您联系。"而一般在交际场合中，与刚相识的人开始交谈是最不容易的，因为你不熟悉对方的性格、爱好，而时间又不允许你多作了解。这时宜从平淡处开口，而不是冒昧提出太深入或太特别的话题。最简单的是谈天气，或从当时的环境找寻话题，比如："今天来的人真不少！""这儿您从前来过吗？""你和主人是在哪儿同过学？""你的气色真不错"等等。另外还有一个中国人惯用的老方法：询问对方的籍贯，然后就你所知引导对方详谈其家乡的风物，这几乎是一个万通万灵的不衰话题。平时参加交谈，我们可以留心一下人们的话题，看看哪些吸引人而哪些不吸引人，为什么？自己开口的时候，便自觉地练习讲一些能引起别人兴趣，而避免引起不良效果的话题。

3. 善用幽默

幽默总是与智慧和爱心结伴同行的，每一个具有幽默感的人都有着宽广的心胸、随和亲切的性情和洞察一切的聪灵。幽默是思想、爱心、智慧和灵感在语言运用中的结晶，是一种良好修养的标志。

有一次，林肯在擦皮鞋，某外交官不无揶揄地问："总统先生，您总是自己擦吗？"林肯不动声色地回答："是啊，那你是经常擦谁的皮鞋呢？"在这里，林肯的高明之处就是巧妙的绕开了对方所提出的一个判断性问题，进而找出破绽，给对方以回敬。

在人际交往中，当矛盾发生时，只有那些缺少幽默感的人才会把感情弄得越来越糟，而幽默者却使一切变得轻松、自然、美好，幽默所带来的笑可以缓冲人与人之间的矛盾，把冲突化解于无形之中，还可以使本来融洽的气氛更加和谐，起到锦上添花的效果。

但做任何事情都有一个度的问题，幽默也是如此。场合、对象都是幽默时必须考虑的客观因素。同一个玩笑，你对甲可毫无顾忌，对乙却不可以，或是在某场合可以说，而在其他场合却不行，尤其是对于初识的人或长辈，幽默一定要慎用，否则很容易让人感到唐突，或者会认为你是在玩弄聪明，有种被戏谑的感觉。有时，幽默变成了取笑和讥讽，那就更有失礼仪了。

4. 学会倾听

在交谈中听也是非常重要的。听包括两个方面：一是留心自己的谈话；二是留心对方的谈话。在自己开口讲话时，若能分出部分精神来，留心自己的声音，就可以时时清醒地有个"自知之明"：你清楚地表达了你的意思了吗？你的发音清晰吗？你运用敬语了吗？你语速平稳吗？这些看似小问题，但若不加以注意，往往会使你的谈话效果大大降低。你说得太快，又不清楚，别人听不懂，等于你白费了一番口舌。

由此可见，倾听有着十分重大的意义。有句老话训导人们，人长着两只耳朵却只长着一张嘴巴，就是为了少说多听。听别人说，至少有下列好处：第一，加深理解；第二，加以判断；第三，在理解和判断的基础上，决定自己该怎么做和怎样引导对方做自己想让对方做的事。

但怎样才能高明地倾听对方的谈话呢？至少应注意以下几点：

（1）鼓励、引导对方说下去。可以采用提问、赞同、简短评论、复述对方话头、表示同意等方法引导对方说下去。比如："你的看法呢？""再详细谈谈好吗？""我很理解"，"想象得出"，"好像你不满意他的做法"等。总之，让对方把自己的话继续下去，你可以采取这种积极引导的方式。

（2）抓住对方所要表达的真正东西或实质性问题。

（3）不要打断对方谈话，不要贸然地中途给对方的谈话下判断性评论。

（4）对自己没听懂的话，要随时询问。

（5）不要使你们的谈话中断。

罗马时代的诗人塞卢斯说："我们只对那些对我们有兴趣的人感兴趣。"这是对社会交往、沟通交流的真实写照。试想当我们讲话时，听者回答的与我们的话题无关，或者不停地打断我们讲话，我们会如此看待此人？认真想一想，我们认为那些最好的朋友或同事，常常是那些能听我们讲话的人。正因为他们能"听"，把他们的注意力给予我们，我们感到自己受到他们的重视和尊重，我们才喜爱他们。

（三）交谈的礼仪

交谈是人们交流思想、增进感情的主要手段。在人际交往中，交谈是考察人品的一个重要手段。因此在社交活动中，交谈中说的一方和听的一方都理应遵守以下礼仪规范：

（1）交谈的表情要自然，语气要和气亲切，表达得体。说话时可适当做些手势，但动作不要过大，更不要手舞足蹈，不要用手指指人。与人交谈时，不宜与对方离得太远，但也不要离得太近，交谈时不要唾沫四溅。

（2）交谈是一门艺术，交谈者的态度和语气极为重要。有人谈起话来滔滔不绝，容不得他人插嘴，把别人都当成了自己的学生。有人为展示自己与众不同的口才，总是喜欢用夸张的语气来交谈，甚至不惜危言耸听。有人以自己为中心，完全不顾他人的喜怒哀乐，一天到晚谈的只有自己。这些人留给人的只是傲慢、放肆、自私的印象。因此要极力避免这些交谈误区。

（3）交谈中要使用礼貌语言，在社交场合中交谈，一般不过多纠缠，不高声辩论，更不能恶语伤人，出言不逊。即使争吵起来，也不要斥责和讥讽辱骂，最后还要握手道别。

（4）交谈中不要使用粗话和黑话，有人认为一说出那些不洁的词语便会缩小同他人的距离，他们把长得漂亮叫做"条挺""盘亮"，把100元、1000元、10000元分别叫做"一颗"、"一吨"、"一方"，殊不知这样只会显示出自己的格调不高。

（5）交谈中使用外语和方言，需顾及交谈的对象以及在场的其他人。假如有人听不懂，那就最好不用，不然会使他人感到你是在故意卖弄学问或有意不让他听懂。与多人一起交谈，不要突然对其中的某一个人窃窃私语，凑到他耳边去小声说话更不允许。如果确有必要提醒他注意脸上的饭粒或松开的裤扣，那就应该请他到一边去谈。

（6）当交谈者超过三人时，应不时同其他的人都谈上几句话，不要搞"酒逢知己千杯少，话不投机半句多"而冷落了某个人，尤其需要注意的是，同女士们交谈要礼貌而谨慎，不要在许多人交谈时，同其中的某位女士一见如故，谈个不休。

（7）一般不要询问女乘客年龄、婚姻状况，所谓"见了男士不问钱、见了女士不问岁"。不要径直询问对方履历、工资收入、家庭财产、首饰价格等私人生活方面的问题。与女性讲话不要说她长得胖、身体壮等话，对方不愿回答的问题不要追根问底。触及对方反感的问题应表示歉意，并立即转移话题。

有人交谈得理不让人，有人则专好打破沙锅问到底，这样做都是非常失礼的。在交谈时要温文尔雅，不要恶语伤人、讽刺谩骂、高声辩论、纠缠不休。

（8）交谈时若选择的话题过于专业，或不被众人感兴趣，应立即止住，而不宜滔滔不绝下去。当有人出面反驳自己时，不要恼羞成怒，应心平气和地与之讨论。发现对方有意寻衅滋事时，则可对之不予理睬。

（9）交谈中的目光与体态是很有讲究的。交谈时目光应保持平视。仰视显得谦卑，俯视显得傲慢，均当避免。交谈中应用眼睛轻松地注视对方的眼睛，但不要眼睛瞪得老大，或直愣愣地盯住别人不放。

### 四、丰富的语言种类让沟通更加畅通

随着中国加入 WTO 及北京申请 2008 年奥运会主办权的成功，中国民航业在改革和重组后，进入了一个高速发展期。中国民航调查显示，在未来 5 年内，我国将新增加航班 500 余架，将会提供近 5 万个空乘和地勤工作岗位。中国将成为仅次于美国的世界第二航空运输大国。这为热衷于民航事业的有志青年开拓了一条更广阔的就业渠道。

想要加入这个令人艳羡的行业中，有很多硬件和软件的要求，即使符合了外在的条件，也要具备很好的内功，毕竟空姐是"端庄优雅"的代言人嘛。

除了身体素质之外，最重要的两点是：语言能力和气质。如汉莎航空公司的招聘要求就是不必会说德语，但英语要流利；相貌只要不丑即可，但行为举止一定要有气质。每个航空公司都要求有一定的应用外语的能力，这对于工作中要接触各国乘客的空乘确实至关重要。拥有亲切的笑容，得体大方的言谈举止，无疑已经领先于其他的应聘者。

下边我们就来看看我们需要重点掌握的几种语言：

（一）普通话

普通话可称之为人与人之间的沟通桥梁。普通话多为书面语，较规范，没有方言中的"话把子"；使用普通话显得有修养。

如果大家都学普通话，用普通话与大家交流，彼此间建立了深厚的友谊，那么普通话就是友谊的桥梁。普通话是社会生活中必不可少的交流工具。如果你到外地去，大家对你说的都是方言，你一句也听不懂，这时，普通话就该挺身而出了，用它来解决沟通上的问题是再好不过的了。

而对于空乘来说，普通话的要求重点在两个方面：一个是发音标准，即要求吐字清晰，字正腔圆，至少有普通话二级甲等证书；二是声音悦耳，比如我们在坐飞机的时候，经常听到有乘客说"这个乘务员的普通话好甜啊"。所以要练就练好这两个"功夫"，这就需要乘务员多听多练习。

（二）外语

当经过前边的学习，我们感觉离梦想越来越近的时候，其实自己离空乘这个岗位的差距还很大，先让我们来看看下边的这个小故事，希望通过学习，为你的成功之路做好铺垫。

小资料

## 国航空姐苦练二十多门外语被喻为空中之花

### ——乘务员小李的故事

"空里其哇！……"（日语，您好的意思）4月26日，成都飞往北京的航班上，乘务员小李一口流利的日语，让日本乘客福田教授赞叹不已。为了迎接即将到来的奥运盛典，小李正在苦练各国的语言，目前她已经掌握了二十多个国家的日常用语。

闺房：摆满各国饮食习俗书籍

"来吧，这是我个人的小天地。"漂亮直爽的小李大方地带记者参观她的"闺房"。看着这间"陋室"，记者颇有些意外，陈设简单，但书桌上一排排全是有关各国各民族饮食、习俗、语言文化方面的书籍。

随着奥运脚步的临近，作为一名空姐，小李觉得自己有义务在工作中以实际行动支持奥运。年初伊始，小李就为自己制订了一系列的奥运"特训"计划。

特训之一："饶舌功"

"语言太多了，有时常常将它们搅在一起，日语、法语、德语倒还好，但像那些希腊语、阿拉伯语、挪威语、乌尔都语（巴基斯坦官方语言）等，连'问好'都会乱成一团，舌头老打结。"指着从书店搬回的一大摞书籍，小李俏皮地吐吐舌头。

一段时间的学习下来，小李琢磨着："语言学习需要的是交流，一个人唱独角戏也不是办法。"于是每次回家，她就将父亲拉来做陪练，每天用不同国家的日常用语与父亲对话，让父亲接招，一回家就把老爸搞得头昏脑涨。

特训之二："饮食速记"

"就连我家的饭桌也是我的训练场呢！"小李会对饭桌上的每样菜式"对号入座"：波兰人临海却不爱吃虾及其他海味，罗马尼亚人主食为面食，柬埔寨人一般喜欢吃素，泰国人早餐喜欢吃猪油糕，缅甸人对中西餐都较喜欢……在同日本客人进餐时，要用公用筷子给大家夹菜，而且最忌讳的就是将筷子垂直插在饭菜中。

特训之三："奥运微笑"

小李还专门去定做了一面大的穿衣镜，保证从各个角度训练自己的"微笑"，以求尽善尽美。刚开始时，小李坚持不了多久就会笑得面部僵硬，她便做一些小运动来放松面部肌肉，久而久之，小李的微笑已能做到得心应手、收放自如了。

小李告诉记者，她要将"微笑奥运"带上蓝天，让外国友人在接触中国的第一印象中就能感受到中国人的热情和真诚。

对于小李来说，现在最大的心愿就是通过自己的奥运"特训"，服务好每一位乘客，为北京奥运尽自己的绵薄之力。

★很多同学都觉得学习外语是一件很痛苦的事情，有些同学觉得反正我只想飞国内航线，学习外语有什么用呢？其实随着科技的发展，世界变得越来越小，在今后的工作中，应用到外语的机会会越来越多。

（三）手语

手语是聋哑人沟通的重要工具，国外也称手语为聋哑人的母语。随着全社会对残疾人的关怀和 2008 年残奥会的召开，全社会掀起了学习手语的热潮。民航作为窗口单位，随着残疾旅客的逐渐增多，从票务部门到值机部门再到乘务员学习手语也迫在眉睫。

练一练

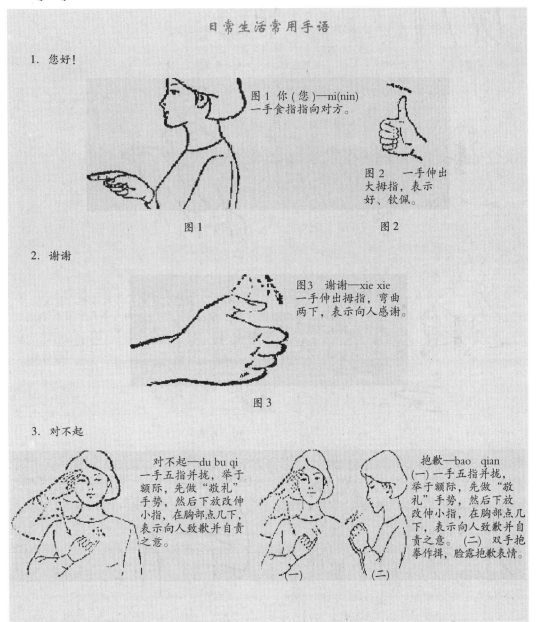

日常生活常用手语

1. 您好！

图1 你（您）—ni(nin)
一手食指指向对方。

图2 一手伸出大拇指，表示好、钦佩。

图1          图2

2. 谢谢

图3 谢谢—xie xie
一手伸出拇指，弯曲两下，表示向人感谢。

图3

3. 对不起

对不起—du bu qi
一手五指并拢，举于额际，先做"敬礼"手势，然后下放改伸小指，在胸部点几下，表示向人致歉并自责之意。

抱歉—bao qian
（一）一手五指并拢，举于额际，先做"敬礼"手势，然后下放改伸小指，在胸部点几下，表示向人致歉并自责之意。（二）双手抱拳作揖，脸露抱歉表情。

（一）      （二）

4. 我爱

我—wo
一手食指指自己。

爱—ai
一手轻轻抚摩另一手拇
指指背，表示一种"怜
爱"的感情。

5. 宝贵

（一）　　（二）

宝贵—bao gui
(一) 一手掌心拍打另
一手手背，拟拍拍婴儿
状。(二) 一手拇、食
指握成圆形，上下动几
下，表示"钱很多"，
引申为"贵"。

6. 意见

意见—yi jian
一手食指从口边向
前上方提起。

7. 永远

永远—yong yuan
(一) 双手打手指字母
"Y"的指式，掌心相
对，在胸前交替向前转
动。(二) 一手拇指置
于食指根部，食指伸直
向前方移动。

8. 和平

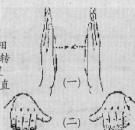

（一）

（二）

和平—he ping
(一) 双手掌心相对，
由两侧向中间合拢，
表示"合""和"的意
思。(二) 双手平伸，
掌心向下，同时向两
侧平行移动。

9. 难过

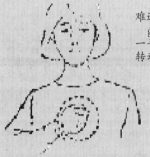

难过(悲伤)—nan
guo(bei shang)
一手虚捏贴于胸部，并
转动几下，脸露愁容。

10. 再见

再见—zai jian
一手上举，五指自然伸
出，手腕挥动两下。这
是一般的"再见"手势。

（四）方言

首先，要求空乘服务人员使用普通话并非不准使用方言；其次，方言的范围应扩大到各个地区，例如四川话、上海话、广东话、山东话等等。普通话是全国各民族通用的语言，但是方言更亲切、更能拉近人与人之间的距离，所谓"他乡遇故知""老乡见老乡，两眼泪汪汪"就是这个道理。所以，空乘服务人员应当针对不同的乘客、不同的场合灵活使用各种方言，这样才能更好地为乘客提供个性化服务。

### 五、民航乘务礼貌用语

（一）机舱内的常用服务用语

（1）您好，欢迎。

（2）对不起，太太。我能看看您的登机牌吗？

（3）是，对。

（4）请。

（5）我帮您拿行李吧。

（6）我能麻烦您一下吗，小姐？

（7）愿为您服务。

（8）不客气。

（9）很抱歉，对不起。

（10）打扰了。

（11）给您，请拿好。

（12）知道了（不清楚）。

（13）谢谢。

（14）太太，您想喝点什么？

（15）不要担心，别着急。

（16）是，马上就去。

（17）让您久等了。

（18）是您叫我吗？

（19）是，马上给您拿来。

（20）我不清楚，我马上查询。

（21）很棒。

（22）希望没误您的事。

（23）托您的福。

（24）请稍候。

（25）祝您旅途愉快。

（二）服务忌语

（1）嘿！

（2）老头儿。

（3）大兵。

（4）土老冒儿。

（5）老黑。

（6）你吃饱了撑的呀！

（7）谁让你不看着点儿。

（8）没有了。

（9）问别人去！

（10）听见没有，长耳朵干嘛使的？

（11）没办法。

（12）供应完了。

（13）我就这态度！

（14）有能耐你告去，随便告哪都不怕。

（15）有完没完？

（16）这是地面的事。

（17）这不关我的事。

（18）到底要不要，想好了没有？

（19）喊什么，等会儿！

（20）没看我正忙着吗，着什么急？

（21）这是其他部门的事，与我们无关。

（22）我解决不了，愿意找谁就找谁去！

（23）不知道。

（24）刚才和你说过了，怎么还问？

（25）靠边点儿。

（26）你去告好了。

（27）不能放这儿。

（28）找我们乘务长。

（29）有意见，找经理去。

（30）到点了，你快点儿。

（31）我不知道。

（32）我忙不过来。

（33）你想干什么。

（34）你问我，我问谁？

（35）瞎叫什么，没看见我在吃饭。

（36）管不着！

（37）没开始呢，等会儿再说。

（38）干什么呢，快点。

（39）我不管，少问我。

（40）不是告诉你了吗，怎么还不明白。

（41）挤什么挤？

（42）别啰唆，快点讲。

（43）现在才说，早干嘛来着？

（44）越忙越添乱，真烦人。

（45）怎么不提前准备好！

（46）我有什么办法，又不是我让它坏的。

（47）别装糊涂。

（三）客舱内的服务敬语

（1）同志（或先生、小姐）。

（2）老大爷（或老大妈）。

（3）解放军同志。

（4）农民朋友。

（5）某地朋友。

（6）请不要这样。

（7）请您注意看清楚。

（8）请问，您需要毛毯吗？

（9）我不大清楚，请您再问问别人。

（10）我再告诉您一遍，请注意听。

（11）请问，您需要提供饮料吗？

（12）您增加些饮料好吗？

（13）我刚才态度不好，请原谅。

（14）欢迎您提意见，反映情况，这是您的权利。

（15）请尽量抓紧时间。

（16）您需要用餐吗？我们正准备为您提供正餐、小吃、点心。

（17）如果您现在不需要用餐，我们将在您需要时提供，到时请您按一下呼唤铃。

（18）我们将随时为您服务。

（19）您别着急，考虑好了再选择。

（20）您的声音我已经听到，我马上就过来。

（21）我手底下的事马上就完，请您再等一会儿。

（22）我还能为您做些什么吗？

（23）您这个问题我解决不了，但××部门负责解决这事。

（24）这个我不知道，真抱歉。

（25）我刚才对您说了，您没有听清，我可以再说一遍。

（26）谢谢您，请往旁边靠一靠。

（27）请问，需要我来帮助吗？

（28）您如果不满意，欢迎提意见。

（29）时间不多了，请您抓紧一点，真对不起。

（30）非常抱歉，我立即给您。

（31）请您对号入座。

（32）很抱歉，航班由于天气原因延误了，我们会及时为您提供最新消息。

（33）这事我不清楚，不过我可以帮你问问。

（34）我们是轮流吃饭，那边有人值班。

（35）对不起，这件事另有专人负责。

（36）请稍候片刻，我们马上就开始工作了。

（37）客人比较多，请您动作稍快点。

（38）这事不归我管，请找××部门。

（29）您如果没听明白，我再解释一遍。

（40）谢谢您给提的宝贵意见，我一定向领导如实反映。

（41）这地方窄，请多注意。

（42）这不属于我的职责范围，不过我可以为您代劳。

（43）请简单、明确地表达您的意思。

（44）您刚才这么说就好了，我再帮您想想别的办法。

（45）我现在正忙着，请稍等一下好吗？

（46）请提前做好准备。

（47）这东西质量不好，我们都不愿意这样。

（48）这件事如果您不清楚，请再来问我。

（49）请按顺序排队。

（50）对不起，这里是紧急出口，您的行李不能放在这儿。

（51）请您注意不要在客舱内打手机。

（52）先生，我帮您把西服挂起来吧。

（53）请您尽快回到座位上，我们要清点人数。

（54）由于能见度太低，机场暂时关闭，所以我们不能起飞。

（55）飞机就要起飞了，请不要吸烟。

（56）这是呼唤铃，如果您需要帮忙，请按它。

（57）我们的飞行高度为11000米，速度每小时800公里。

（58）本次航班的机组人员为12名，其中空乘8名，安全员1名。

（59）按规定，起飞后1小时才供餐。

（60）洗手间现在有人，请您稍候。

（61）飞机上备有各种供阅读的杂志，您可以选择。

（62）很抱歉，我们没有日语读物。

（63）您想喝点什么？

（64）对不起，绿茶已经没有了，能喝点咖啡或别的饮料吗？

（65）先生，这是您的饮料，我已打开，要给您倒上吗？

（66）对不起，请问您要不要餐前酒？

（67）夫人，这是您要的加了两片柠檬的红茶。

（68）我们马上要供应午餐了，请放下小桌板。

（69）我太粗心，我马上替您擦净衣物。

（70）对不起，是我弄错了，我立刻给您找一份。

（71）很抱歉，我们无法满足您的要求。

（72）对不起，我可以收起小桌板吗？

（73）这是我们应该做的，有什么好的建议，敬请提出。

（74）您曾晕过机吗？如您需要晕机药，我去给您取。

（75）对不起，机组没有医生，这就为您广播找医生。

（76）不要紧吧，如有急事，请按这个呼唤铃。

（77）我们正设法与目的地您的亲人取得联系。

（78）别着急，我们已与地面联系，飞机着陆后救护车会送您去医院。

（79）请您放心，会平安到达的。

（80）请别让孩子在过道走，飞机颠簸得厉害。

（81）飞机在紊流区飞行，颠簸是正常的，马上就会好。

（82）请放心，机长会认真操作的，过了紊流区就好了。

（83）请别担心，这是轻微的颠簸。

（84）对不起，请您收起小桌板，就要着陆了。

（85）飞机 10 分钟后要着陆，请您系上安全带。

（86）飞机已经完全停稳，您可以下飞机了。

（87）先生，对不起，能让这位孕妇先下飞机吗？

（88）感谢您在飞行中给予我们的帮助。

（89）请多保重，欢迎再次乘坐我们的飞机。

（90）感谢您乘坐本次航班，希望再次见到您。

（91）祝您一路顺风，再见。

（四）常规服务用语

1. 欢迎词

女士们，先生们，早上好（下午好、晚上好）：

欢迎您乘坐中国_____航空公司航班_____前往_____（中途降落_____）。由__
__至_____的飞行距离是_____，预计空中飞行时间是_____小时_____分。飞行高
度_____米，飞行速度平均每小时_____公里。

为了保障飞机导航及通讯系统的正常工作,在飞机起飞和下降过程中请不要使用手提式电脑,在整个航程中请不要使用手提电话、遥控玩具、电子游戏机、激光唱机和电音频接收机等电子设备。

飞机很快就要起飞了,现在有客舱乘务员进行安全检查。请您坐好,系好安全带,收起座椅靠背和小桌板。请您确认您的手提物品是否妥善安放在头顶上方的行李架内或座椅下方。(本次航班全程禁烟,在飞行途中请不要吸烟。)

本次航班的乘务长将协同机上_____名乘务员竭诚为您提供及时周到的服务。

谢谢!

2. 延误时所致欢迎词

女士们,先生们,早上好(下午好、晚上好):

欢迎您乘坐中国××航空公司航班××_____前往_____(中途降落_____)。本次航班由于_____原因以致延误,让您久等了,我们对此深表歉意。由_____到_____的飞行距离是_____公里,空中飞行时间大约是_____小时_____分钟。

飞机很快就要起飞了,请您系好安全带,在整个旅途中请不要吸烟。

在本次航班上有_____位乘务员,请您随时呼叫,我们将十分乐意为您提供及时周到的服务,祝您旅途愉快!

谢谢!

3. 客舱设备介绍

女士们,先生们:

我们的飞机已经离开_____前往_____,沿这条航线,我们飞经的省份有_____,经过的主要城市有_____,我们还将飞越_____。

在这段旅途中,我们为你准备了_____餐。供餐时我们将广播通知您。

下面将向你介绍客舱设备的使用方法:

今天您乘坐的是_____型飞机。

您的座椅靠背可以调节,调节时请按座椅扶手上的按钮。在您前方座椅靠背的口袋里有清洁袋,供您扔置杂物时使用。在您座椅的上方备有阅读灯开关和呼叫按钮。如果你需要乘务员的帮助,请按呼唤铃。在您座位上方还有空气调节设备,您如果需要新鲜空气,请转动通风口。洗手间在飞机的前部和后部。在洗手间内请不要吸烟。

4. 餐前广播

女士们,先生们:

我们将为您提供餐食(点心餐)、茶水、咖啡和饮料。欢迎您选用。需要用餐的旅客,请您将小桌板放下。

为了方便其他旅客,在供餐期间,请您将座椅靠背调整到正常位置。谢谢!

5. 意见卡

女士们,先生们:

欢迎你乘坐中国_____航空公司航班,为了帮助我们不断提高服务质量,敬请留下宝贵意见，谢谢您的关心和支持！

6. 预定到达时间广播

女士们，先生们：

本架飞机预定在_____分钟后到达_____。地面温度是_____，谢谢！

7. 下降时安全检查广播

女士们，先生们：

飞机正在下降。请您回原位坐好，系好安全带，收起小桌板，将座椅靠背调整到正常位置。所有个人电脑及电子设备必须处于关闭状态。请您确认您的手提物品是否已妥善安放。稍后，我们将调暗客舱灯光。谢谢！

8. 达到终点站

女士们，先生们：

飞机已经降落在_____机场，外面温度_____摄氏度，飞机正在滑行，为了您和他人的安全，请先不要站起或打开行李架。等飞机完全停稳后，请您再解开安全带，整理好手提物品准备下飞机。从行李架里取物品时，请注意安全。您托运的行李请到行李提取处领取。需要在本站转乘飞机到其他地方的旅客请到候机室中转柜台办理转机手续。

感谢您选择_____航空公司班机！下次旅途再会！

9. 乘客下飞机广播

女士们，先生们：

本架飞机已经完全停稳（由于停靠廊桥），请您从前（中，后）登机门下飞机。

谢谢！

10. 延时着陆

女士们，先生们：

欢迎您来到_____，飞机已经降落在_____机场，机场地面温度_____摄氏度（华氏度）。本次航班由于_____原因，造成延误，耽误了您的旅行，我们深表歉意。等飞机完全停稳后，请你再解开安全带，带好全部手提物品，准备下飞机。

机长及全体机组成员感谢您搭乘_____公司的班机，并欢迎再次乘坐_____公司的飞机。女士们，先生们，下次旅行再会。

11. 颠簸

女士们，先生们：

飞机现在有些颠簸，请您回原位坐好，系好安全带，在指示灯熄灭前请不要使用卫生间。在这段时间里，我们将停止一切服务供应。谢谢！

12. 天气原因迫降

女士们，先生们：

非常抱歉地通知大家，由于降落站_____机场天气不好，飞机无法降落，我们决定备降在_____机场，待天气转好后再继续飞行。备降后的有关事宜，着地后我们将随时通知大家，飞机预计在_____时_____分到达_____机场。谢谢！

13. 因病人而迫降

女士们，先生们：

我们很抱歉地通知大家，现在飞机上有一位重病人，机长决定迫降＿＿＿机场。我们将在＿＿＿小时＿＿＿分钟后到达＿＿＿，请给予协助。谢谢！

14. 夜间飞行

女士们，先生们：

为了保证您在旅途中得到良好的休息，我们将调暗客舱的灯光；为了防止因气流变化而引起的突然颠簸，请您在睡觉期间系好安全带。如果您需要我们的帮助，请按呼叫按钮。另外请保持客舱安静。谢谢！

15. 找医生

女士们，先生们：

请注意！

现在飞机上有一位重病人，不知你们当中哪一位是医生或护士，我们需要您的帮助，请与乘务员联系。谢谢！

16. 大年三十送礼物前

女士们，先生们：

再过 2 小时新春佳节的钟声就要敲响了，短暂的空中旅行即将结束，这是一段难忘而美好的时光，在旧历年的最后一天，我们与大家在蓝天上相识感到十分荣幸。为了表示对各位旅客的新春祝贺，我们特意为大家准备了一份小礼物。祝大家新春快乐，万事如意。谢谢！

## 第四节　空乘人员日常生活中的礼节礼貌

下面是空姐纪亚飞在她的《空姐说礼仪》中讲到的一个小故事：

我去成都小住时，经历过这样一件事。刚刚搬来不久，那是我第三次去附近的报亭买报纸。报亭前有几个人在看杂志，我无法近前，只能在旁边站立等待。摊主正在为一个顾客寻找杂志，偶然间用余光瞥见了我。他马上停下手中的活，将一份《成都商报》和一份《华西都市报》折好了递给我，满面笑容。我有点意外，把一元钱探身递给他说声谢谢。他笑着点点头。

成都的冬天难得见到阳光，买完报纸后我便在附近溜达。返回时，看到报亭老板一个人坐着看报纸。我走过去问他："您怎么记得我，还记得我要买什么报纸？"

他略带羞报地说："你那么有礼貌，我咋个会不记得？"

我想起来了。第一次去买报纸时，他正在整理新到的杂志，我微笑着说："您好，麻烦给我一份《成都商报》和一份《华西都市报》。"

面对如此礼貌的打招呼，他似乎有些惊讶，继而脸上堆满了笑容，把两份报纸折叠妥帖递给了我。虽然，他不曾说话，但我的问候给他留下的印象是深刻的。因此，他每次看到我，都会在我未曾开口之前，将报纸折成方便我携带的形状递给我，而且总是笑容满面。

我的这一声问候，在某个瞬间如同一杯清茶滋润了他的心田。有时，我买完报纸离开后，悄悄回头观望，发现摊主的面部表情依旧保持着轻松的状态，我确定他的这种愉悦会传达给下一位客人。

问候是人与人见面之初的直接接触，我们要珍惜这个机会，以便给家人、同事、客户、朋友或者陌生人留下一个良好的形象。但是问候并不是那么简单的事，无论你是去拜访客户，还是与友人会面，只有得体恰当的问候，才能展现个人魅力，传达友好的信息给对方。

★可见，对空乘人员来说，不仅要注意在工作场合中的礼仪规范，更要做好在日常生活中的礼仪。因为，日常生活中的礼仪，往往能够体现一个人、一个城市乃至一个国家的素质，并且能够迅速帮助你在对方心里建立一个良好的形象。

下文所介绍的见面时的打招呼，见面时的介绍或递送名片，接打电话，拜访及每一个情景中的礼貌用语等都属于我们日常生活中的交往礼节，在交往过程中给对方留下什么样的印象是非常重要的。

## 一、见面的礼节

见面时的礼节有：

握手礼、鞠躬礼、点头礼、举手礼、注目礼、拱手礼、合十礼、拥抱礼、亲吻礼、吻手礼。

见面是交往的开始，它给人留下第一印象，对交往的深度和广度起着决定性的作用。举止大方，谈吐文雅，能在交往之初给对方良好的初步印象，并对今后的交往产生积极的影响。

1. 握手礼

握手是一种社交肢体语。握手礼在今天是最平常的见面礼节，它起源于原始社会。当时，人们用以防身和狩猎的主要武器是棍棒和石块。传说当人们在路遇陌生人时，如果双方都无恶意，就放下手中的东西，伸出双手，向对方表明自己手中没有东西，然后走近，互摸左手，表示友好和亲善。这种见面摸手的习惯沿袭至今就成了今天的握手礼。

热烈的握手会延伸心灵的沟通，使双方内心有一种强烈的融合感。见面时的握手，无论对男性还是女性，的确都是恰当的肢体接触。握手不仅沟通感情，而且有助于树立自己的社会形象。

现代人握手时表示的含义很多，除了在见面时表示友好、和善、应酬、寒暄之外，还用于告辞时的道别，也用于对他人的感谢、祝贺和慰问、安慰等。

**温馨提示**

1. 不能用左手与他人握手。

2. 千万不能一面握手一面东张西望。

3. 人多时不要争先恐后，应遵守秩序。

4. 不能坐着与人握手。

5. 握手后不能用手帕擦手。

6. 不能戴手套与人握手（除非对方戒指戴在手套外面）。

7. 不能与人握手后立刻转身背对。

8. 不能与人握手时，另一只手放在衣袋或裤袋里。

9. 不能在握手时面无表情，不置一词。

（1）握手的基本姿势

动作的主动与被动，力量的大小，时间的长短，身体的俯仰及视线的方向等，往往体现出握手人对对方的不同礼遇和态度，也能窥视对方的心理奥秘。因此握手的姿势很有讲究。

正确的握手方法应当是在介绍之后，互致问候的同时，双方各自伸出右手，彼此之间保持一步左右的距离，手掌略向前下伸直，拇指与手掌分开，其余四指自然并拢并微向内屈。右手与人相握时，左手应当空着，并贴着大腿外侧自然下垂，以示用心专一，如右图所示。

**温馨提示**

有的场合人们也可以采用双手式握手，即用右手紧握对方右手的同时，再用左手加握对方的手背或前臂、上臂、肩部。使用这种握手式的人是在表达一种热情真挚，诚实可靠，显示自己对对方的信赖和友谊。从手背开始，对对方的加握部位越高，其热情友好的程度越高。

（2）握手的次序

基本原则是尊者先伸手，即年长者和年青者，年长者先伸手；男士和女士，女士先伸手；上级和下级，上级先伸手；已婚者和未婚者，已婚者先伸手；参加聚会时的先到者和后到者，应由先到者先伸手；主人和客人，应由主人先伸手；若遇若干人在一起，一般是先贵宾、长辈，后同事、晚辈；在同一层次中应先女后男。

**温馨提示**

正式场合，尊者先伸手。非正式场合，先伸手者为有礼者。

若遇到几个都是自己的上级时，应按其职位从高到低进行。

若职位相同，应先长者后其他，如职位、年龄都相当时，则先女后男。

（3）握手的时机

被介绍与人相识时，应与对方握手致意，表示为相识而高兴；对久别重逢的朋友或多日未见的同学相见时应热情握手，以示问候、关切和高兴；当对方获得新成绩，得到奖励或有其他喜事时，与之握手表示祝贺；领取奖品时，一定要与发奖者握手，以感谢对自己的鼓励；当接受对方馈赠的礼品时，应与之握手表示感谢；当拜托别人办某件事并准备告辞时，应以握手表示感谢和恳切企盼之情；当别人为自己做了某件好事时，应握手致谢；在参加宴会后告辞时，应和主人握手表示感谢；在拜访友人、同事或上司之后告辞时，应以握手表示再见之意；邀请客人参加活动，告别时，主人应与所有的客人一一握手，以感谢其给予支持之意；参加友人或上下级的家属追悼会，离别时应和其主要亲属握手，表示劝慰并节哀之意。

灵活地掌握与运用握手礼的时机，不仅是对对方的尊重，也是自我修养的体现，除了主动热情地向对方伸手握手外，在应该握手的场合如果拒绝或忽视别人伸过来的手，将意味着自己的失礼。

2．鞠躬礼

鞠躬礼即弯身行礼。它源于中国先秦时代。

鞠躬礼是人们生活中用来表示对别人恭敬而普遍使用的一种礼节，几乎适用于一切社交和商务活动场合。在初见的朋友之间，同志之间，宾主之间，下级对上级，晚辈对长辈，为了表示对对方的尊重都可以行15°~90°鞠躬礼。鞠躬礼的深度视行礼者对受礼者的尊重程度而定。

**温馨提示**

> 通常受礼者应与施礼者的上体前倾幅度大致相同的鞠躬还礼；但是上级或长者还礼时不必鞠躬，可以欠身点头或握手答礼。

（1）鞠躬礼的表现形式

15°鞠躬礼，头低15°左右，身体微向前倾，表示招呼和致谢。如同事、朋友之间的招呼，学生在校园和路旁对老师的问候。

30°左右鞠躬礼，表示郑重、谦恭或致歉。上体前倾30°。如讲演或领奖前后，学生上课前呼"老师好"的同时，也施此礼。

90°左右鞠躬礼，身体弯曲大约90°，一般用在较特殊的情况下，如婚礼、悼念、谢幕等。当对方地位比自己高，对对方顶礼膜拜时也可施此礼。

**小资料**

> 鞠躬礼在东亚、东南亚国家流行甚广，尤其是朝鲜、韩国，特别是在日本盛行。对日本人来说，弯腰已成习惯，鞠躬成自然。所以有绅士风度的日本人一天到晚总在人际交往中弯腰鞠躬。百货商店、旅店、饭店的服务员平均每人要向顾客鞠近一千个躬。一女电梯员称，她平均每天要向乘客鞠躬2560次。日本人即使在电话里与人问安和送别、承诺、请求时，也会不自觉地鞠躬。在日本这个讲究礼仪的国家，微笑和鞠躬已成为能否保住饭碗的问题。

（2）鞠躬礼的动作要领

行鞠躬礼时要注意两脚并拢或成"V"型，以髋关节为轴，上体带动头自然前倾，重心微后移，头、颈、背在一个平面；目光朝着受礼方向自然下移，不得斜视和环顾；

双手应在上体前倾时自然下移或置于体侧；鞠躬时动作不能过快，要面带微笑；戴帽子时，应脱帽行鞠躬礼，用右手握住帽檐中央，将帽取下，左手垂下。

3. 招手礼

招手礼又名挥手礼，即挥手致意。招手礼的形式主要有以下三种：

第一种是右手高于肩，低于头，掌心向前，轻轻地左右摇两下，表示问候、招呼。

第二种是右手高举过头，掌心向前，轻轻摆一两下手，不要反复晃动，意道别、送别。饭店的迎宾员在客人上车离开饭店时，要用这种招手礼道别，以表示对客人的尊重。迎宾员高举的右手要在客人的"的士"汇入大街上的车流时，才能放下来。

第三种是右手举过肩，掌心向侧面，作为进行中致意礼节，如运动员在入场式中向主席台致意。

4. 拥抱礼

**温馨提示**

在与外国朋友的交往中，只有在对方施拥抱礼时我们方才"随俗"。即便是在国外，这种礼节一般只适用于较亲密和熟悉的亲友间。且多是男对男，女对女和父辈与子辈间。当然有时相当熟悉的朋友间，男女也可施拥抱礼。

在国际交往中，拥抱是当代西方人士亲密、热情和友好的一种礼节。在某些迎宾庆典等隆重的场合，不论官方还是民间，皆以拥抱作为见面或告别时的礼节。

拥抱不仅是人们日常交际中的重要礼节，也是各国政府首脑外交场合中的见面礼节。

拥抱的标准做法是两人在相距 20 厘米处相对而立，各自举右臂，将右手搭在对方的左臂后面；左臂下垂，左手扶住对方的右后腰（有绅士风度，类似跳国标舞的动作）。首先向左侧拥抱，然后向右侧拥抱，最后再次左侧拥抱。拥抱时还可以用右手掌轻拍对方左臂后侧，以示亲热。

5. 吻手礼

吻手礼主要流行于欧洲国家。它是男士在社交场合中向女士致敬的一种极为优雅的方式。吻手礼仅限于在室内采用，而且只有女士在男士面前作出准许的暗示，即将右臂向上微微抬起时，才可以行吻手礼。

其具体做法是男士用右手或双手握住女士的手掌前部，俯身弯腰在女士的手背上或手指上轻轻一吻即可。要求文雅，不可粗俗。在大多数的场合，这个动作已缩减到了一种虚设的程度，男士只是用微闭的嘴唇凑近女士的手背，象征性的做一个吻的样子就算行礼完毕，并不是真正的吻手。

吻手礼的受礼者只能是已婚妇女，而且手腕及以上部位是行礼的禁区。

6. 合十礼

合十礼亦称合掌礼，既双手十指相合为礼。具体做法是双掌十指在胸前相对合，五指并拢向上，双腿并拢，上身微欠，头微低。一般情况，行此礼时，合十的双手举得越高，越体现对对方的尊重，但原则上不可高于额头。如右图所示。

### 7. 点头礼

点头礼又称为额首礼，主要适用于路遇熟人又不宜与人交谈时。具体做法是头部向下轻轻一点，同时面带微笑，点头幅度不宜过大。但如果是在站立服务向客人问候时，在向客人点头的同时，身体还需微微前倾，这样更能体现出你的热情度。

## 二、介绍的礼节

**情景再现**

> 一次张华跟他的好朋友王凡去参加一个朋友的生日宴会，当他们到达目的地时，主人非常热情地把他们带到另外一个女性朋友身前介绍说："小莉，这是华南集团公司的王总，王凡。"然后就把他们引到餐桌前坐下。当时张华感觉到十分的不舒服。
>
> 试想一想，为什么张华当时感觉到不舒服？

现代人求生存、寻发展必须进行社会交往，而交往首先从认识开始。相互认识通常要借助于介绍。介绍就是人际交往中与他人沟通、增进了解、建立联系的最基本的方式。介绍有助于广交朋友，打开局面，扩大社交圈子。

在社交场合中，介绍的方式有多种多样，一般可以分为以下几类：

按社交场合来划分，有正式介绍和非正式介绍。

按被介绍的人数来划分，有集体介绍和个别介绍。

按介绍主体来分，有自我介绍和他人介绍。

按介绍者的地位层次来区分，有重点介绍和一般介绍。

按被介绍对象的性质和介绍采取的形式来区分，又有商业性介绍、社交性介绍和家庭成员介绍等等。

无论哪种介绍，在进行介绍时，首先都要了解双方是否有相识的愿望和要求，只有在彼此都有结识的愿望后，才能灵活应用介绍礼。

在这里我们只介绍几种常用的介绍方式。

（一）自我介绍

自我介绍是推销自我的一种重要方法和手段，是自己给人留下的第一印象。第一印象极为重要，往往决定着自己在他人心中的交际形象。社会心理学家称其为"首因效应"（即两个彼此不相识的人第一次留下的印象）。首因效应虽然很难说完全真实和准确，但在生活中起到了魔力一般的作用，在一定意义上决定着社交的成功与失败。因此我们说自我介绍是社交的一把金钥匙，怎么运用这把金钥匙去打开局面是一门技术，也是一门艺术。

### 1. 自我介绍的礼仪要求

**小知识**

> 在某些场合除了口头介绍，还可递上一张 电话一目了然，以便今后联络。
> 精美的名片，姓名、工作单位、住址、职务及

感情应亲切自然，眼睛看着对方或大家，要善于用眼睛、微笑和亲切自然的面部表情表达友谊之情和渴望认识对方的热情。

举止端庄大方，充满自信，只有自信的人才能使人另眼相看，才能有魅力，使人产生信赖和好感。

### 2. 自我介绍的方式

在任何场合，自我介绍都被看做是一种友善的行为，一般情况有以下几种方式：

**工作式** 工作式的自我介绍内容应该包括本人的姓名、供职的单位或从事的具体工作三项。它们叫做工作式自我介绍的三要素，通常缺一不可。例如，"您好，我叫××
×，是×××学校××专业的应届毕业生。"

**礼仪式** 礼仪式的自我介绍一般用于作报告、庆典、仪式等一些隆重的场合，是一种表示对交往对象友好、尊敬的自我介绍方式。礼仪式的自我介绍的内容包括所在的单位、姓名、职务，还有一些敬语谦辞。例如，"各位来宾、各位领导，大家好。我是××
×，是××公司的总经理，现在我代表我们公司热烈欢迎各位光临我们的开业仪式，谢谢大家的支持。"

**问答式** 问答式的自我介绍一般用于应试、应聘场合。在一些普通的社交场合有时也能见到。问答式的自我介绍一般是对方问什么便回答什么，有问必答。

例如，问："这位先生您好，请问怎么称呼您？"

答："先生您好，我叫××。"

问："您参加我公司的这次面试，请您介绍一下您的基本情况。"

答："各位领导好，我叫××，今年18岁，四川人，团员，毕业于四川××学校，在校期间荣获××等各种奖项和各种专业技能等级证书。"

**小资料**

自我介绍除了上述最简单、基本的方法外，有时还可以更生动、丰富一些，例如：

（1）从介绍自己姓名的含义入手。如某厂分来了位刚毕业的大学生，在所在科室的欢迎会上他是这样进行自我介绍的："我姓苏，苏东坡的苏，名杰，杰出人才的杰。自古以来姓苏的人才辈出，因此父母也希望我成为一个杰出的人才。不过，我刚毕业，事业刚刚开始，但我相信在同志们的帮助下，成功之路就在自己的脚下。"借自我介绍之机，恰当地表露自己的谦虚和抱负，不失为聪明之举。

（2）从对事业的态度入手。有这样一个自我介绍："鄙人曹建化，目前担任奥丽斯化妆品有限公司总经理。我的职业决定了我要做生意，我

也喜欢做生意。生意既有成功，也会失败。我希望生意成功，但从不怕失败与困难。每一次失败对我是一次总结，每一个困难对我的毅力是一次考验。我就是在失败和困难中前进的。衷心希望在今后的生意中大家多多协作。"这

种介绍富于哲理，体现了一个企业家深邃的内涵。这种介绍一般用在正式介绍的场合效果较好，而在非正式场合就显得冗长，因此自我介绍要掌握场合和时机。

3. 自我介绍应杜绝以下错误

第一，急于表现自己。在不适当的时候打断别人谈话。

第二，太过急切地拉近距离。在自我介绍中不顾及对方的反应长篇大论，使对方感到莫名其妙，甚至反感。

第三，不敢表现自己。在自我介绍中躲躲闪闪，唯唯诺诺，似乎怕别人揭了自己的底细小看自己。

第四，不能表现自己。在自我介绍中吞吞吐吐，模棱两可，不能给别人一个清晰的概念和印象，甚至别人连名字都不清楚。

第五，涉及对方隐私。如问"你多大了""结了婚吗""你有几个孩子"等等。

（二）他人介绍

这是最常见的介绍形式，又称第三人介绍，即由第三者把一方介绍给另一方。在某些场合介绍时，对被介绍人适当运用恭维语，有利于融洽三者关系，促进彼此交往。

1. 介绍的顺序

**小知识**

在非正式场合下介绍两个人相互认识的时候，一般是先提谁的名字，谁就是尊者。如"刘小姐，我来给你介绍一下唐先生。""李校长，这是商业学校的张老师。"其中的刘小姐、李校长则为尊者。

**幽默**

有时候谁重要谁不重要完全没个准儿，要看当时的情况而定。可试用这个方法："你想讨好谁，谁就比较重要!"

介绍的顺序在当今社会是个比较敏感的礼仪问题。处理这一问题，必须遵守"尊者优先知晓情况"的原则。即先把次尊者介绍给尊者，再把尊者介绍给次尊者。

根据这种原则，在社交场合介绍的次序一般应是：先把职位低的介绍给职位高者；先把年青的介绍给年长的；先把男子介绍给女子；先把主人介绍给客人；先把家人介绍给朋友或同事；先把晚到者介绍给早到者；先把儿童介绍给成人；先把未婚女子介绍给已婚妇女。

2. 介绍的礼仪要求

介绍时介绍者应用手示意，即手心斜朝上，五指自然并拢，指向被介绍一方，切记不可用于指去指指点点。

介绍时，除长者、尊者、女士可就座微笑或略欠身致意外，都应当面带微笑，起身站立，落落大方地注视对方。

在宴席桌上、会议桌前也可不起立，被介绍者只要略欠身微笑、点头，有所表示即可。

**温馨提示**

1. 介绍时可以有风趣，但不可太过分。

2. 尽量避免推销式介绍。比如："这位是刘得柱先生，前沿公司的董事长，家产七百万元。"这样炫耀朋友来抬高自己的身价的态度会被人认作不高明的"擦鞋友"，既失身份又失仪态。

当介绍人介绍完毕后，被介绍的双方都应当依照合乎礼仪的程序进行握手或问候。如"幸会，幸会"，"很高兴认识您"等。

**小资料**

大型报告会或演讲会，通常由主持人向与会者介绍报告人。

非本单位一家参加的会议，主持人要向与会者介绍主席台就坐的人员以及主要来宾，参加会议的单位等。

在宴会上，通常由主人介绍主要来宾，然后一一介绍其他来宾和己方来客，也可按照座位顺序进行介绍。

邀请多人聚会，邀请人可以把大家招呼在一起，在表示欢迎后再接着说："现在让我们互相认识一下。"然后，按顺序介绍。在按顺序介绍时，不要因为主观因素打乱顺序，跳过某人先介绍后面的人，使被跳过的人神情沮丧，心情不舒畅，影响社交气氛。也可以先介绍贵宾，其他人按顺序介绍或自我介绍。

### 三、使用名片的礼仪

名片是当今社会交往和公务交往中的一种最为经济实用的介绍性媒介和交往的工具。由于它印制规范、文字简洁、使用方便、便于携带、易于保存，使用中又不分职业、不论男女，在交往过程中具有表明身份、广结良缘等功能，因此它颇受社会各界的欢迎。

**小资料**

名片是礼宾文化的重要组成部分，也属特殊档案。据史书记载，早在我国秦汉时期就有名片了，清代学者赵翼曾在其著作《陔余丛考》中记载："古人通名，本用削木书字，汉时谓之谒，汉末谓之刺，汉以后则虽用纸，而仍相沿曰刺。"可见，名片的前身即我国古代所用的"谒""刺"。当时的人们把竹、木削成片，在上面写上名字，供拜访者通报姓名用，不过随着时代的发展，它的形式、尺幅、质地、风格以及在称呼上都有所演变。在秦汉时期它被称为"谒"（谒见之意，即拜帖）；后来称为"刺"；唐朝称为"膀子"；宋代谓之"门状"；元朝叫"名"；明朝唤为"名帖"；到了清代又称之为"名刺"，也称作"名片"。

（一）名片的类型

现代社会名片的使用相当普遍，分类也多，并没有统一的标准。最常见的分类主要有如下几种。根据名片用途、内容及使用场合的不同，在日常生活中使用的名片可以分为公务名片和商用名片两类；而根据名片主人数量和身份的不同，名片又可分为个人名片、夫妇联名名片以及集体名片三类；按排版方式分为横式名片、竖式名片和折叠名片；按印刷面分为单面名片和双面名片。我们在不同的场合，根据不同的需要，面对不同的交往对象时，应当使用不同的名片。在这里我们主要了解几种常用的名片。

（1）公务名片

**温馨提示**

如果本人不喜欢被外界打扰，则可根据具体情况对自己的联络方式的内容有所删减，例如只留办公电话。

公务名片，为政府或社会团体在对外交往中所使用的名片，名片的使用不是以营利为目的。公用名片的主要特点为：名片常使用标志、部分印有对外服务范围，没有统一的名片印刷格式，名片印刷力求简单适用，注重个人头衔和职称，名片内没有私人家庭信息，主要用于对外交往与服务。具体内容包括公司电话、移动电话、公司地址、邮政编码、互联网址等。

（2）商用名片

商用名片即为公司或企业进行业务活动中使用的名片，名片使用大多以营利为目的。商业名片的主要特点为：名片常使用标志、注册商标、印有企业业务范围，大公司有统一的名片印刷格式，使用较高档纸张，名片没有私人家庭信息，主要用于商业活动。原则上讲，与公务名片在内容上没有多大的差异，只是一般都要注明移动电话。如有些双面商用名片在背面还注明经营范围、服务宗旨等。

（3）个人名片

朋友间交流感情，结识新朋友所使用的名片。个人名片的主要特点为：名片不使用标志、名片设计个性化、可自由发挥，常印有个人照片、爱好、头衔和职业，使用名片纸张根据个人喜好，名片中含有私人家庭信息，主要用于朋友交往。

（二）名片的交换

**温馨提示**

遇到以下几种情况，不需要把自己的名片递给对方，或与对方交换名片。

对方是陌生人而且不需要以后交往；不想认识或深交对方；对方对自己并无兴趣；双方之间地位、身份、年龄差别悬殊。

**1. 发送名片**

**（1）发送名片的时机**

希望认识对方时；被介绍给对方时；对方向自己索要名片时；对方提议交换名片时；打算获得对方的名片时；初次登门拜访对方时。

**（2）发送名片的方法**

递名片时应起身站立，走上前去，用双手的拇指和食指持握名片上端两角，将名片正面正对着对方，递给对方；若对方是外宾，最好将名片印有英文的那一面对着对方；将名片递给他人时，应说"多多关照""认识你真高兴""常联系"等语言，或是先作一下自我介绍；与多人交换名片时，应讲究先后次序，或由近而远，或由尊而卑依次进行，在圆桌上要从主位开始按顺时针方向依次发放，不可挑三拣四，采用"跳跃式"；位卑者应当先把名片递给位尊者；在拜访单位时，拜访者先递名片。

**2. 接受名片**

他人递名片给自己时，应起身站立，面含微笑，目视对方；接受名片时，双手接受，不要只用一只手接过；接过名片后，要从头至尾把名片认真默读一遍，意在表示重视对方，不能不屑一顾，置于一旁，或随意放入口袋；最后，接受他人名片后，应使用谦词敬语，如"谢谢"，或重复对方的敬语，不要一言不发。

**3. 索要名片**

向对方直接提议交换名片；主动递上本人名片；委婉地索要名片；向尊长索取名片，可以这样说："今后如何向您老请教？"向平辈或晚辈索要名片，可以这样说："以后怎样与您联系？"当他人索取本人名片，而自己的名片又没带或用完时，应用委婉的方法表示歉意。可以说："对不起，我没带名片，我给你留个电话。"或者："抱歉，我的名片用完了，我给你留个联系电话。"若本人没有名片，又不想明说时，也可以用这种方法表述。

**4. 存放名片**

**（1）名片的放置**

**小知识**

存放名片要讲究方式方法，做到有条不紊。推荐的方法有：按姓名拼音字母或姓名笔画分类；按专业分类；按部门分类；按国别、地区分类；输入商务通、电脑等电子设备中，使用其内置的分类方法。

在参加商务活动时，要随时准备名片。名片要经过精心的设计，能艺术的表现自己的身份、品位和公司形象。

随身所带的名片，最好放在专用的名片包、名片夹里。不要在客人面前慌忙翻找名片。公文包以及办公桌抽屉里，也应经常备有名片，以便随时使用。

接过他人的名片看过之后，应将其精心存放在自己的名片包、名片夹或上衣口袋内。

（2）名片的管理

建议把所收到的名片加以分类整理收藏，以便今后使用方便。不要将它随意夹在书刊、文件中，更不能把它随便地扔在抽屉里面。

名片是一个展现自己的小舞台，一定要充分认识和发挥它的功用。另外在它的设计上最好也多花一点心思，使别人对您的名片喜欢多一点，印象深一点。

## 四、接打电话的礼仪

**情景再现**

"叮——叮——"小芳拿起电话就说"喂，哪位呀？"然后又接着说："哦，他现在不在，你过会儿再打过来吧！"

如果是你你会这样接听电话吗？

通电话是一种特殊的交谈方式。交谈双方不见面，不可能对对方形成一个直观的知觉，只能凭话筒传来的声音对对方当时的表情、心境、情绪和意图作出想象，而这种想象又常常成为双方建立友谊和信任的契机。电话交谈包含两个方面：一是打电话，二是接电话。无论打电话还是接电话，都要注意正确使用这一现代通讯工具的礼仪。

（一）打电话

谁打电话，谁就是这次通话交谈的主动行为者，不论打电话是什么目的和原因，都应该注意以下一些问题。

选好时间

打电话要选择适当的通话时间。一般来讲，除了有要紧事相告和约定外，白天应在八点以后，假日最好九点以后，夜间则应在十点以前。同时，用餐和午睡时间也应避开，否则会影响对方的生活，进而一定程度上破坏通话的效果。

做好通话前的准备

打电话者是电话交谈的主动者，要做好充分的准备，以免接通电话以后结结巴巴，语无伦次，让人不得要领。要了解对方的电话号码、姓名、性别、年龄、打电话的目的、打电话的内容、公司与对方的关系状况，准备好记录的纸笔等。

控制通话时间

通话内容要简单明了。打电话的时间宜短不宜长，一般以三至五分钟为宜。如果需要说的内容很多，事前可列个提纲。假如电话交谈的内容比较多，应问明对方是否方便。因电话内容多，又要求对方记录时，应主动复述一遍，以免记错。

要了解对方的处境

假如电话交谈的内容很多，应问明对方"请问方便吗？"若对方回答不方便，应以商量的口吻再另约时间。

语言要规范

电话拨通后，应先说"您好"，再简明地报明自己的身份、姓名及要通话的人的姓名。在对方应允后，你应致谢。例如"您好，我是×××公司的××，请帮我找××先生（小姐）接电话好吗？谢谢！"

对方不在时

如果要找的人不在，一定不要"咔嚓"一声挂断电话，应说"谢谢，我过会儿再打来"。需要请求转告时，留言要简单明了。

电话中途中断时

如遇通话突然中断，无论怎样，都应重拨一次并表示歉意。

拨错电话时

查清对方电话号码，正确拨号。万一弄错了，应向接电话者表示歉意，不能立即挂掉电话。拨号以后，如只听铃响，没有人接，应耐心等待片刻，待铃响六七次后再挂断。

通话结束时

当通话完毕，打电话者应迅速放下话筒，而且动作要轻，不应发出声音，否则是失礼的。

此外如果自己所拨的电话需总机接转，那么，应向接线员说："您好，请转×××号。"在别人家做客或在别的单位办事，欲使用电话，应先征得主人同意，方可使用。在通话过程中，当受话人陈述某一问题时，尽量不要打断。

（二）接电话

如何接听电话也是一门艺术。要想成为一名合格的受话人，也有许多礼仪可学。

**温馨提示**

一般情况铃声响了三声以后必须接听电话，如果有特殊原因没有及时接听，应先作解释。

电话铃响后，应迅速放下手中所做的事情去接电话，同时，友好而亲切地问候对方"您好"，接着便说出自己的单位或部门，询问挂电话人需要找哪一位。例如"您好，这里是×××公司，请问您找谁？（请问您有什么事吗？）"等等。

如果接到别人打错的电话，不要因对方打扰了自己而大发脾气，甚至在电话中辱骂别人，这是极端无教养的表现。应当说"对不起您打错了，请再拨一次"。

在长时间的通话中，为了使对方确信你一直在倾听，应时不时地轻声说些"嗯""是的""对""好"等之类的短语。

接听公务电话时，一定要养成左手持拿电话，右手执笔，边打电话边做记录的习惯。电话的记录要简单明了：来电时间、来电人名、找谁、来电内容、来电原因、如何处理。最忌讳拖泥带水、不得要领。对所记内容最好再重复一遍，确认无误后再结束通话。

**特别提示**

我们在打接电话时，语调不要过高或过     娇声娇气。
低，也不能过长或过短；不要装腔作势，或者

接听电话后，自己如果不是受话人，应负起代为传呼的责任。如呼喊受话人应当用手捂住话筒，再呼喊受话人；如受话人距离太远，应对对方说"请稍等一下"，将听筒轻轻放在桌上，再去找人；如受话人不在，应询问对方是否需要留言，若对方表示可以，自己应将内容记录下来，待受话人回来后立即转交，以免误事。

（三）移动电话的使用

**温馨提示**

1. 迟到请假由自己打电话；
2. 外出办事随时与单位保持联系；
3. 外出办事应告知去处及电话；
4. 延误拜访时间应事先与对方联系；
5. 用传真机传送文件后，以电话联络；
6. 同事家中的电话不要轻易告诉他人；
7. 借用其他单位的电话应注意不要时间过长。

随着科技的不断发展，移动电话（手机、小灵童等）已经成为人们日常人际交往中不可缺少的通信工具，我们在使用它时也应当注意相应的礼仪。

不能炫耀自己的手机，不能把手机当做提升自己身价的道具或饰物。

使用移动电话主要是为了方便个人联络，同时也是为了方便他人。尽量不要停机，也不要不接听电话。在改换电话后应及时通知朋友。

在狭窄的公共场所（如电梯里、楼梯上、路口、人行道上等）不宜停留打电话。

在要求"保持肃静"的公共场所里（如电影院、阅览室、音乐厅以及餐厅、酒吧等），不能大张旗鼓地使用移动电话，应设置为静音或震动。

在聚会时（如开会、上课）应使移动电话处于关机或处于静音状态，而且应注意不要接打电话。

在病房、油库等地方，不能使用移动电话，应关机为佳。

乘机时，禁止在飞机飞行期间使用移动电话，在登机前要把移动电话关机。

在比较正式的场合，移动电话在未使用时，都要放置在合乎礼仪常规的位置。一般来说，应放置在随身携带的公文包里。避免将电话放置在西装上衣的左胸内侧的兜里或直接放在桌上。

# 思考训练

**一、基础练习**

1. 在工作生活中，积极的身体语言有哪些？

2. 理想的眼神应该注意哪些？

3. 见面时常用的礼节有哪些?

4. 一般情况下,握手礼的次序是怎样的?应当注意哪些问题?

5. 为他人作介绍时顺序有哪几种?

6. 名片有哪些类型?

7. 接听电话有哪些要求?

8. 拜访客人时应注意哪些问题?

## 二、情景分析

1. 一天,在民航售票处,一个顾客走了进来,这时小刘正在柜台内看报纸,"今天天气太热了,帮我看一下票。"小刘头也没抬地说"去哪儿?""北京。""几号?""后天。"……

讨论:

(1) 请问在这个场景中,小刘在接待时有哪些问题?

(2) 如果你是小刘,应当如何正确接待这位顾客?

2. 一天,小张正在办公室整理文件,电话响起,小张拿起听筒说:"找谁?"对方说:"请问刘经理在吗?"小张说:"刘经理,我们这没这个人,打错了。"

讨论:

(1) 请问小张在接听电话时有什么问题?

(2) 她应该怎么处理更为妥当?

3. 一次,在某航空公司从北京飞往成都的航班上,飞机进入平飞之后,一名乘客问乘务员洗手间在哪里,乘务员面带微笑的给乘客作出了解释,乘客走到洗手间门口,抓住门把手使劲往外拉(一般飞机洗手间的门需要向内推),这时乘务员刚好经过,没有任何嘲笑,而是面带微笑地说:"先生,对不起,这架飞机的洗手间的门和其他不同,需要向内推。"顺势将门向内推去,乘客面露感激。

讨论:

(1) 通过这则案例,根据我们所学知识,同学们觉得这名乘务员的处理是否得当?(2) 你觉得交谈的技巧重要吗?请说明理由。

## 三、实景体验

1. 两个人一组,假设初次见面,双方自我介绍、握手和交谈,根据所学知识进行综合练习。

2. 假设中国××航空公司将于后天来学校招聘空中乘务员,请准备一份精美的自荐书以及自我介绍。

3. 根据场景选择合适的语言进行练习:

场景一:由于天气原因,航班晚点,该怎么和乘客打招呼?

场景二:飞机晚点到达,致使某航班延误,作为地勤人员怎样处理?

场景三:今天航班中有两个小朋友,而且很调皮,你该怎么和他们交流?

4. 选两段广播词、部分客舱服务用语以及配合仪态,自己设计场景进行模拟练习,然后进行考核评分。

| 考核项目 | 考核内容 | 满分 | 自评 | 小组评 | 实得分 |
|---|---|---|---|---|---|
| 语音 | 声音圆润、饱满 | 20分 | | | |
| 场景设计 | 迎客、用餐、供饮、送别 | 20分 | | | |
| 仪态规范 | 站、坐、行、蹲、手势 | 20分 | | | |
| 语言规范 | 选择合情的语言模拟 | 20分 | | | |
| 亲和力 | 微笑、眼神 | 20分 | | | |

# 第三章  闪亮登场——客舱服务技能

经过了专业礼仪训练的空乘在形象、气质方面给人们留下了美好的印象，但是仅仅靠这些显然还不够，空乘还必须熟练掌握客舱服务技能，把礼仪技能融入客舱服务的过程中，才能成为合格的空乘人员。但是，忙忙碌碌的空乘人员在做些什么？她们在飞机客舱里的工作内容和要求与其他服务行业有些什么不同？让我们一起来了解客舱服务的内容与基本技能，体会空乘高尚服务的魅力。

个案

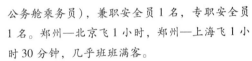

## 公务舱里的独舞

尹珊珊

当了乘务员之后，才知道在这"空姐"名称的光环之下，这行有多累，有多忙。这话我说给谁，都没有人相信。不信？我就在公务舱里跳支"独舞"给你看看。

波音737－300型飞机，公务舱8座，经济舱130座，乘务员3人（包括1名乘务长，1名公务舱乘务员），兼职安全员1名，专职安全员1名。郑州—北京飞1小时，郑州—上海飞1小时30分钟，几乎班班满客。

从迎客开始，公务舱里就有了我舞动的身影，摆放行李，发湿毛巾，发迎宾饮料；收回用过的毛巾、空了的饮料杯。为了节省时间，在地面我就把报纸拖鞋都发给了旅客。我不停地在狭小的过道里穿梭，躲闪，踮着脚尖……

起飞后不到两分钟，我就起身，拆掉餐盘上的包装，打开洗手间的门，放录像，烧水。乘务长给驾驶舱加水，给机长拿饭，然后直奔后舱，前面就剩下我一个，怕来不及，也怕搞错了，我把公务舱8名旅客的姓氏都写在纸上，在姓氏后面一一记上他们所选的餐和饮料。8个人全部用餐，1杯橙汁加番茄汁，1杯矿泉水，1杯茶，1杯苹果汁加冰块，1听啤酒，3杯咖啡，1杯牛奶，还好没有人喝红酒，不然开瓶子还要费些工夫，我心里有些安慰，赶紧回服务台准备。刚送出第一份，电话来了，后舱准备好了，我要关掉录像，打开送餐广播，播完后再打开录像。送出第 3 份的时候，电话又响了，机长吃完了，该给副驾驶拿饭了。第 4 份、第 5 份、第 6 份送完时，第 1 位旅客已经吃完了，又换了其他的饮料，我只好抱歉地让他稍等 1 分钟，我真恨不得能变出 3 个我。终于，我让 8 名旅客都吃到了饭，都喝到了饮料。电话再次响起，还有 15 分钟落地。我开始陆陆续续地收回餐盘，给他们添加或更换新的饮料，最后向他们发放《公务舱旅客满意度调查表》。

这是在 1 小时到 1 个半小时的航线上啊，我给旅客每人送 1 份餐，2 种饮料，发 3 次毛巾，打扫 4 次洗手间。我没时间喝水，更没时间吃饭，甚至没时间用卫生间。我身上的汗一直没干，因为热也因为着急怕干不完而满脸通红。狭小的服务间里放的全是各种供应品，我在服务间里手忙脚乱，一脸的急躁；但到了客舱，我一下子就恢复了镇定自信的微笑，对每

一位旅客的服务都认真细致而规范。

面对旅客，我不慌不忙地向他们介绍飞机上餐食饮料酒水的品种，请他们选择。送上餐食，我给他们亲切的微笑，祝他们用餐愉快。我及时巡视客舱，收走空的餐盘，询问是否添加新的饮料。有旅客用洗手间，等他出来的时候，我会站在门口，给他递上热毛巾擦手。有睡觉的旅客我会给他盖上毛毯，关掉阅读灯和通风口，在他醒后的第一时间送上擦脸毛巾和水，然后询问是否用餐。因此每一张调查表上对乘务员的服务和态度这一栏里都是"很满意、满意"。

我就这样在公务舱里旋转，有快有慢，曲终人散时我微笑着送客。这样的航班我有时一天要飞 4 班，我想起有一位乘务员写的一句话："再短的时间我们都能出色地干完所有工作程序，原来我们都是'神'啊！"看来，要当好这个"神"可得经过特殊的训练才行。

# 第一节　客舱服务的基本内容

客舱是空乘人员的工作场所，客舱服务是空乘服务的主要工作内容，是指从乘客登机到离开飞机所必须得到的服务。从民航服务的特点和服务定位出发，客舱服务的基本内容包括以下几个方面：

## 一、礼仪服务

### 1. 周到的迎宾

作为高尚服务的标志，空乘人员更应以饱满的热情、亲和的微笑、得体的鞠躬礼迎接每位乘客登机。迎宾礼仪是空乘直接为乘客服务的第一步，也是航空公司给乘客留下的第一印象，直接影响到乘客的心理感受和对服务的评价，所以必须高度重视。

### 2. 亲切的问候

热情、得体的问候，往往能够体现一个人、一个城市乃至一个国家的素质，并且能够迅速助你在对方心里建立一个良好的形象。空乘向顾客问候时的声音和内容既是职业和礼貌的要求，也会让空乘在此后的谈话交流和服务中取得主动，因此问候应主动热情，声音应清晰、柔和，使乘客在心理上产生舒心的感觉。

## 那一低头的温柔

徐志摩的那首《沙扬娜拉》，让人想象着一个温柔无比的日本女子。没想到，我会在今天，零距离地感受日本少女那一低头的温柔。在机舱门迎送旅客，我不由得一次次将身体往前倾斜，练习着一个中国人不太熟悉的动作：鞠躬。因为，站在我身边的日籍乘务员，就是这样不厌其烦地对每一个登机的旅客，鞠躬，又鞠躬。

不仅是少女们，飞机落地日本，打开舱门，看到的不是清洁工们手持笤帚、水桶，时刻准备往飞机上冲，而是值机人员、机务，包括我们的中方代办，侍立两侧，向回家的旅人鞠躬问好。

配餐人员上完了餐，双手捧着配餐单，请乘务员签字，毕恭毕敬地。

有一个航班，公务舱坐了对老夫妇，下机时，他们没忙着离开，从普通舱经过他们身边的客人，均立定，深深地向他俩鞠躬，送上一个真挚的祝福方才离去。那两位接受敬礼的老者，也不停地低头、弯腰。一百多名旅客，均如此这般。这是日本福冈郊县某村的旅行团，我猜想，两位老者一定是团里声望和年纪最高的人，随时随地接受村民们的这般礼遇，但这不能不说是一件快乐的事，施与受，都是那么自然，愉悦。

一低头，一弯腰，是深入日本国民骨髓的礼节。或许他们从学走路的那天起，就在接受这种训练吧。每与人言必弯腰不断。但是，仅仅把它当成一个肢体的动作，一次肌肉的伸缩，那就错了。他们所要表达的，正是这一身体语言最想要表达的：尊敬，对人，不论贫富，对事，无论巨细。和我们所谓的点头哈腰、低眉顺眼有着质的区别的是，后者，多数时候，是对权势和金钱的谄媚。

## 二、技术服务

技术性服务就是与乘客乘机有关的、协助乘客完成旅行过程的专业性较强的服务。主要包括：

1. 完成乘机须知演示

主要是通过演示过程使乘客对机上的安全设备、设施、用具等熟知，例如安全带、氧气罩、紧急出口等的使用；乘机过程中对乘客的基本要求，如紧急降落时的自我保护方式等。目前乘机安全演示有两种方式：一是在播音员的引导下，由乘务人员通过示范动作和形体语言来完成；另一种方式是事先准备好演示的影像资料，通过多媒体进行播放。无论哪种方式，乘机安全演示不仅是演示技术性的服务内容，更重要的是展示航空公司的整体形象与空乘服务人员的良好精神风貌。因此演示者必须精神饱满，动作规范，眼神与动作一致，始终保持甜美的微笑。

小资料

## 空中小姐为什么在飞机起飞前做氧气面罩的使用示范？

飞机在4268米以上的高度飞行时，要对座舱增压。如果万一飞机座舱失压，就会造成缺氧，乘客会因此而头晕甚至丧失知觉，乃至危及生命。下表列出了在不同的高度上发生座舱失压的情况下，人所能承受的缺氧时间：

| 飞行高度 | 承受时间 |
|---|---|
| 12200米（40000英尺） | 15秒 |
| 19800米（65000英尺） | 12秒 |

氧气面罩是为旅客提供氧气的应急救生装置。在飞机座舱发生失压的情况下，氧气罩会自动从舱顶吊落下来，旅客应该戴上氧气罩，直至飞机下降到可以呼吸的安全高度以下时才能将它摘下。每个航班上都准备了足够的氧气面罩，即每位乘客都有配备，而且每排座位还多配装一副备用面罩，以防意外。

| 飞行高度 | 承受时间 |
|---|---|
| 6100米（20000英尺） | 10分钟 |
| 7800米（25000英尺） | 2分钟 |
| 9140米（30000英尺） | 30秒 |
| 10700米（35000英尺） | 20秒 |

### 2. 引导服务

就是对走进客舱的乘客用规范的礼貌语言和得体的手势进行引导，使其能尽快找到自己的位置，安置好行装，尽快入座，以保证飞机正常安全起飞。

小知识

## 飞机的座位是如何划分的？如何迅速找到自己的座位？

这要看飞机的型号及座位排式来定。一般情况下，中小型客机为每排4~6座，中间为通道，大型客机或宽体客机为双通道，每排7~9座（普通舱）。座位的编号或为阿拉伯数字，或为英文字母，但都是从第一排开始排至最后。每排座位从左至右编为A、B、C、D、E、F等。如您的登机牌号为30A，所乘飞机为波音737，则您的座位是30排左边靠舷窗A的位置。如何迅速找到自己的座位呢？先清楚自己乘坐的是头等舱还是普通舱，是飞机前部还是后部或顶舱，是左边通道还是右边通道等，这样就知道自己的下一步行动了。使您放心的是，在您登上飞机的一刹那，面带微笑的航空小姐或先生会告诉你如何尽快走到自己的座位边的！

### 三、安全服务

飞行必须安全，没有安全就没有飞行。空乘人员既是服务人员又是安全员，除了为乘客提供优质服务，首先更应当保证乘客的安全。为乘客提供安全服务，应做到以下几点：

### 1. 应急设备检查

乘务人员配合飞行员登机后根据各自的责任，对照《应急检查单》核实应急设备的位置，确认其处于待用状态。

2. 航前清舱检查

3. 旅客登机前的检查

主要是经济舱供乘客存放物品的行李箱全部打开，使其处于安全状态；机组成员的行李、飞行包等放在储藏间里。

4. 乘客登机时的安全检查

观察乘客的状态，行李摆放稳妥，确认出口位置处乘客，出现情况及时报告乘务长。

5. 机门关闭后的安全处理

### 四、餐饮服务

机上餐饮是乘务服务的重要内容，是航空公司让乘客满意的服务理念的具体体现。餐饮服务包括提供湿巾、饮料、酒水、餐食；对特殊的乘客，例如婴儿等提供特殊餐食。餐饮服务依舱位不同，航程长短不同，时间不同，提供的餐饮服务内容各不相同。这些将在"机上餐饮服务技能"中进行详细讲解。

### 五、救助服务

1. 乘客安抚

对初次乘机过程中出现恐慌、畏惧的乘客提供心理服务，像亲人一样关怀开导，并提供有益的帮助，使其平安到达目的地。

2. 机上医务急救

空乘人员不仅是服务员，还应掌握基本的医护技能，在关键时候承担医护人员的职责，对乘客在机上常见的病症、传染病实施机上紧急处置，对乘客的生命提供医疗救助。

3. 特殊救助

对乘客登机后出现的非常情况或困难给予特殊救助。例如登机前事情的延续处理、物品丢失、下机后的延续问题等。

### 六、娱乐服务

飞机作为交通工具，除了安全、快捷，还要轻松、舒适，这也是飞机优于其他交通工具的地方。为达到此目的，各航空公司都使出浑身解数，从飞机设备和空乘服务方面出点子，例如为乘客提供报纸、刊物、视听等娱乐性服务，使乘客轻松愉快完成旅行。

### 七、咨询服务

即回答乘客关心的各种问题，例如旅行常识、航空知识、各地的民俗风情、名胜古迹等，这就要求空乘人员不断提高自己的文化修养，从内在提升自己，达到内外皆美的较高层次。

### 八、乘客管理

主要是为了保证乘客的安全，使乘客享受旅程。包括非正常乘客的处理，需要特殊服务的乘客、伤残乘客的处理等。

### 九、应急处置

空乘人员首先应保障乘客安全，经过专门训练，在紧急情况下，由机长指挥，能迅速采取处置措施，消除各种安全隐患。例如应急撤离、火灾救助、客舱释压、紧急求救、危险品处理、客舱排烟等。

**练一练**

## 紧急迫降时的广播词

各位旅客：

正如机长所述，我们的飞机将在××地方××机场紧急迫降。飞机没有大的危险，全体机组成员受过严格、良好的训练，请大家听从乘务员的指挥。

各位旅客：

为了保证您在撤离时的安全，请您取下身上的锋利物品，如手表、钢笔……

各位旅客：

现在我们将飞机上的紧急出口向您介绍一下，并将同时向您介绍一下客舱脱离区域的划分：

1. 本架飞机有3处紧急出口，分别位于客舱的前部、中部、后部。

2. 从第一排到第九排的乘客由前部登机门脱出。

3. 从第十排到第十六排的乘客由中部登机门脱出。

4. 第十七排到最后一排的旅客由后部登机门脱出。

各位旅客：

飞机紧急着陆时，一般会带有冲击，为了您的安全，现在我们向您介绍防冲击安全姿势：当您听到乘务员喊"抱紧，防撞"时，请您采取并保持这个姿势直到飞机完全停稳。下面请看乘务员示范"两臂交叉，紧抓前方座椅靠背，头俯下，两脚用力蹬地"。

各位旅客：

为了做好紧急撤离工作，我们将在旅客中选择援助者，如果您是军人、警察、消防员、民航内部职工，请与乘务员联系。

### 十、机上商务服务

主要是国际航班上提供与航线所经地区各种免税商品的服务，因价格较正规商店便宜，货真价实，深受乘客喜爱。

## 第二节　客舱服务的基本程序

客舱服务的主要内容可以用"内容繁杂、技术性强、要求较高"来概括。但是只要我们明确了工作的基本程序，就可以很好地完成工作。根据民航运输的特点，客舱服务由两大部分组成，即空乘服务和安全员工作，具体程序如下：

### 一、客舱服务的基本程序

客舱服务一般分为四个阶段：飞行前的预先准备阶段、飞行前的直接准备阶段、飞行中的飞行实施阶段和飞行后的航后讲评阶段，具体如下：

1. 飞行前的预先准备阶段

首先，第一天下午要到公司准备室去进行飞行前准备，在准备会上要明了第二天的航班的起飞时间、机型、飞机号、航线数据等各个方面的资料，要复习在遇到紧急情况时各个号位该干些什么，这就要求乘务员对飞机上的各种设备了如指掌，还要整个机组协商好碰到劫机等各种突发事件的时候该怎么办……

2. 飞行前的直接准备阶段

第二天，要提前一个小时又十分钟到飞机上进行直接准备，首先要检查各种设备是不是好的，如阅读灯，呼唤铃，小桌板，桌椅靠背，这些是旅客服务面板上的；乘务员服务面板上还要看各种灯光、话筒、音乐等各方面设备是不是好的，尤其要考虑到紧急状态下要用的各种设备是不是好的，氧气瓶里面氧气是不是还够用？灭火瓶是不是没用过的？充气滑梯是不是压力正常……在旅客上来之前还要对餐食的配备清点清楚，对餐食的数量和质量要把好关，对供应品要清点清楚，要看看厕所里要用的面巾纸、卷纸、肥皂、香水、坐垫纸是不是配备齐全，厨房里该准备的茶叶、咖啡、方糖、咖啡伴侣是不是都一样不差，该冰的饮料是不是都冰了……最后检查好客舱的卫生，整理好个人的仪表仪容准备迎接旅客登机。

3. 飞行中的飞行实施阶段

当旅客登机的时候，各个号位要站在各自的号位上用鞠躬礼和敬语迎接旅客的登机。在旅客登机的同时要向旅客介绍座位号码的所在，协助旅客安排行李，帮助老幼病残孕旅客找到他们的座位……当上了一批旅客，在等第二批旅客的时候要整理好行李架上的行李，看看旅客是否需要毛毯、枕头、拖鞋之类的，要随时注意旅客有什么需要。等旅客上完之后，安排好行李，就要进行客舱安全示范动作的表演，随后进行客舱安全检查，包括是否系好安全带，调直椅背，收起小桌板，拉开遮阳板，行李架是否扣好，紧急出口和通道是否没有行李的摆放，当然还要提醒旅客一定要把手机关掉……这是外场乘务员要做的，内场的乘务员还要把厨房电源给关掉，各种锁扣要扣好，餐车要放好，各个衣帽间、烤箱的门都要关好……做完了这些检查，飞机就要起飞了。

起飞五分钟之后，内场乘务员进行广播，外场乘务员就要开始发报纸，发果仁，发纸巾，对一个半小时以上的航班还要发餐前饮料，接着就要开始供应餐食，然后再发一遍饮料，再加一遍饮料，这时，差不多就可以收餐盘了。干完这些活，有的航班还要发纪念品，发入境卡、海关申报单、健康申明卡等，有时还要帮旅客填写这些表格，所有的都结束之后，就该拿着托盘巡视客舱了，看看旅客是不是还有别的需要，是不是还要饮料，是不是还有什么要收走的，帮睡觉的旅客关掉阅读灯和通风口，给他们披上毛毯，递上枕头，看看刚刚醒来的旅客是不是需要进餐，看看客舱里是不是有什么垃圾，要随时注意清除，还要注意观察旅客有什么需要，最好在他们向你提出之前就可以看出来，帮他们解决问题……到飞机下降了，又该进行安全检查，提醒旅客系好安全带，调直椅背，收起小桌板，拉开遮阳板，看看行李架是否扣好，紧急出口和通道是否没有行李的摆放等等。直到这个时候乘务员才可以坐在自己的座位上休息一会儿。

到飞机落地，各个号位的乘务员又要站在自己的号位上送走一位又一位旅客，之后，检查一下客舱里是否有旅客遗留的物品，这时，一个航班才算结束了。

4. 航后讲评阶段

为了提高服务质量，航班结束后应对飞行中的服务情况进行讲评，总结经验，找出问题，特殊情况要上报值班领导。

(1) 乘务长组织，对当次航班的服务进行评价。

(2) 对出现的问题和失误提出批评改进措施。

(3) 乘务长填写乘务日志。

## 二、安全员的工作程序

同样分为四个阶段：飞行前的预先准备阶段、飞行前的直接准备阶段、飞行中的飞行实施阶段和飞行后的航后讲评阶段，具体如下：

(一) 预先准备阶段

1. 确认任务。明确航班号、飞机号、机型、机组人员情况、起飞时间、中途站、降落目的地以及航线情况。

2. 根据航线的特点，结合空防形势的通报，上级对空防工作的要求，制定本航班的空防形势措施，配有两名安全员时，要有明确的责任分工，密切配合。

3. 按时参加机组准备会，了解、熟知最新的业务通告，做好与乘务长、机长的沟通工作。

4. 按时领取个人器械，进行个人准备。

5. 乘务组的准备会上要有空防预案，明确分工，专人负责。与机长、乘务员沟通预先措施，听取或执行机长的指示。

6. 各种证件携带齐全，自查证件在有效期内。

(二) 直接准备阶段

1. 航空安全员登机后，对空舱进行全方位的检查。

2．检查机上紧急设备处于良好的备用状态。

3．在未派安全员的航线上，机上安全检查的工作由双执照安全员完成，或由乘务长指定负责空防的乘务员完成。

4．旅客登机前，安全员会同乘务员对客舱进行清舱，保证机上无外来物品和人员。

（三）飞行实施阶段

1．旅客开始登机时，安全员应处于合适的位置，密切注意旅客的状况，注意机场工作人员的情况，防止偷渡人员混上飞机。旅客登机后，确认工作人员已全部下飞机，核实旅客舱单与人数相符。安全员在旅客登机的过程当中，应协助乘务员维护机上秩序，处理旅客非法干扰客舱安全的行为。关闭机门后，及时向机长报告，坐到指定的座位上，看护驾驶舱门。

2．航空器起飞后，按照规定锁定驾驶舱门，出入驾驶舱的乘务组人员，必须按照事先的联络方式出入。

3．航程过程中特殊情况的处置，均按公司《航空安全员管理手册》的规定执行。航程中注意观察旅客的动态，坚持巡视客舱，观察旅客的举动。

4．对违反机上正常秩序的行为，经机长同意可采取必要的强制性管制措施，并交地面工作人员处理。空中遇劫处置程序、空中发现爆炸物处置程序、执行遣返任务，均按照相应的安全员管理手册的有关规定执行。

（四）航后阶段

任务结束后，应及时做好器械的交接工作、及时反馈航程中的各种问题，遇有重要情况及时向上级汇报。

**三、乘务员的安全检查职责**

1．当所有清洁、供餐和机务人员离机后，或在旅客登机前，乘务员和安全员必须对客舱进行清查。

2．在检查中，发现任何可疑的物品，如非标准的设备或梳妆用具，非正常的导线、误放的手提行李、包裹、照相机等，不要触动，要立即报告乘务长和机长。

3．在过站时，所有乘务员都要留意下列情况：

（1）允许留在飞机上的旅客或行李一般可以不检查，但在起飞前要对驾驶舱、厨房、卫生间等处进行检查。

（2）只有特殊许可的人，出示适当证件后，才可允许上飞机。

（3）在过站时，所有箱、柜的门都要关好。

4．厨房乘务员要检查餐食的内容，如果有不能打开的容器或餐具，必须向乘务长、主任乘务长报告，即使在最后一刻装上飞机的食品，也要认真检查。

5．出口座位的确认：

（1）乘务长/主任乘务长必须确保已做过合适的广播或安全须知简介。

（2）确保旅客对于安全须知卡上的中英文指示的责任是理解的。

（3）客舱乘务员在旅客登机时必须对每一个坐在紧急出口座位上的旅客讲解紧急出口的特殊性，确认后，报告乘务长/主任乘务长。

（4）在离港之前，乘务长/主任乘务长将出口座位的确认情况报告机长。

（5）不能坐在出口座位处的旅客。

下列人员不应安排在出口座位：

双臂缺乏运动者；

无成人陪伴儿童；

视力不佳者；

听力不佳者；

不愿或无能力遵守出口规定者。

对于不符合出口座位规定的旅客，乘务员有责任为其调换座位。

**小资料**

### 航空术语

1. "飞行时间"是指从航空器为准备起飞而借本身的动力，自装载地点开始移动时起，直到飞行结束到达卸载地点停止运动为止的时间。

2. "执勤时间"是指在执行由航空承运人安排的飞行和地面任务中所花费的时间，包括航前准备时间、飞行时间、飞行后工作时间、中途经停站的过站时间、地面训练和其他工作时间。

3. "备份"指乘务员做好工作准备，并在客舱服务部楼内或指定休息地点等待可能的航班任务。

4. "坐机"指乘务员根据公司指派乘坐飞机至某地，在机上没有进行乘务工作。

5. "跨分部飞行"指乘务员要求执行本分部以外的任务，须填写《亲属在外登记表》及《跨分部飞行申请表》，经部领导、派遣室主任签批方可执行。

5. "驻外休息"指乘务员离开基地，在国外做跨天休息。

6. "航后休息"指航班落地后规定的休息时间。

7. "休息时间"指乘务员不进行任何工作的时间。计算方法：从一个航班结束到下一个航班开始。

8. "过夜"指乘务员离开基地，在国内其他航站做跨天休息。

9. "晚签到"指乘务员晚于准备时间1至5分钟（含5分钟）签到。

10. "迟到"指乘务员晚于准备时间5至15分钟（含15分钟）签到。

11. "误机"指晚于准备时间15分钟，未能按（手册）规定参加航前准备。误机者不得参加飞行。

12. "航前准备"指此次航班乘务组在起飞前2小时与准备时召开的机上服务、安全会议。按规定不得少于15~20分钟。

## 第三节　客舱服务技能及注意事项

　　客舱服务质量的优劣是与空中乘务员的素质高低紧密相关的，作为窗口行业，我们航空企业形象对于国内是公司企业文化和品牌效应的宣传，而作为连接世界的桥梁，我们的专业形象则体现着国家、民族的精神面貌和文明程度。

　　当今社会"服务经济"的出现使市场的需求发生了革命性的变化——服务成为竞争的核心，人们对消费从注重产品的质量转化为注重产品的服务。全球化的经济竞争已使航空市场不分国界。因此全球航空市场的竞争实际已发展成为价格、服务等多元化的竞争。如今，航空在给旅客带来方便、快捷的同时，也在不断优化服务，推陈出新。硬件设施和服务理念不断完善，优质航空服务离我们并不遥远。

### 一、客舱分类：飞机头等舱和公务舱有什么区别

　　客舱按照服务标准不同，分为头等舱、公务舱和经济舱。有的航班上三个等级舱都有，有的只有头等舱和经济舱两个等级舱，还有的航班上设置的全部是经济舱。

　　头等舱一般设在客舱的前部，座椅本身的尺寸和前后之间的间距都比较大。而经济舱的座位设在从机身中间到机尾的地方，座位尺寸小且安排得比较紧。公务舱介于两者之间。

　　享受的待遇不同，票价自然也会有所差异。国内头等舱、公务舱的机票价格分别为经济舱的1.5、1.3倍。国际机票就很难以这种比例计算了，有时头等舱、公务舱的价格为经济舱的几倍。

　　当然，花大价钱买来的不仅仅是座位的舒适、宽敞，还有更精美的餐食和空中小姐更加细致入微的服务。经济舱只提供正餐和橙汁、咖啡等饮料，而头等舱和公务舱还备有高、中档酒类，一般有5种以上的酒类、8种以上的冷饮及4种以上的热饮供选择，其中仅茶水就有红茶、绿茶、花茶之分。如飞机在航程中遇上用餐时间，公务舱旅客还会免费享受到如下服务：根据航线情况，有两种以上的主菜和水果可供选择。公务舱的餐食是值得一提的，如冷盘就有鹅肝酱、三文鱼，主菜有牛排、海鲜等。在旅客们享用制作精致可口餐食的同时，精美的餐具也让人赏心悦目：洁白的瓷器、美丽的玻璃器皿、光洁的不锈钢刀叉以及柔软的棉质餐巾，使用餐成为一种美的享受。对于有特殊餐食要求的旅客，只要在售票处事先提出申请，也都会在旅途中得到满足。

　　一般来说，在头等舱每位乘务员只照顾几名乘客，在公务舱每位乘务员照顾十几名乘客，而经济舱的两三位乘务员要照顾大量的乘客。

　　在行李方面，公务舱一般每位乘客享受30公斤的免费行李额，且手提行李比普通舱客每人多5公斤或多一件。

　　在机场候机时头等舱、公务舱的客人也有专用的贵宾室待机，等到可以登机时会有专人提醒并带领登机。

头等舱、公务舱、经济舱全价均可无限次数更改或者签转，退票费用亦与经济舱全价比例相同，为全价的5%。

国际航线使用的飞机通常为宽体大型远程飞机，这类飞机的头等舱一般都配备办公条件。

部分航空公司的头等舱同时配备空中宽带服务，原则上来讲公务舱也是有电源接入配备的，甚至也可能有电话服务和宽带服务（均为收费服务，信用卡支付），乘客在购票前与航空公司沟通并获得确认。

另外在有些航空公司改造过的公务舱甚至可以享受到平躺或者实现展开176度的舒适座椅，但这个不是免费的，通常情况下和机票价格相关。

**小资料**

## 头等舱简介

各航空公司一贯非常重视高舱优生位的旅客。他们把服务工作的重点放在了提高"两常"（常旅客和常企业）"两舱"（头等舱和公务舱）的服务质量上，为头等舱和公务舱的乘客提供了一系列的免费服务。

地面服务单设的服务柜台：机场内一般有专设的头等舱和公务舱柜台，在两舱柜台前有随时为旅客答疑解难的外围引导人员。办理乘机手续的值机员除了亲切的问候，提示旅客登机口和告别外，还将提供有别于普通舱旅客的姓氏服务、站立服务和微笑服务。

行李优惠：公务舱和头等舱交运的行李还会拴挂专门的标签，以确保行李后装先卸，并且在装运过程中受到更多的关照。

幽雅的休息室：离开值机柜台，通过边防和安全检查，就来到头等舱和公务舱休息室。幽雅的环境，轻柔的背景音乐和各种报纸杂志、饮料小吃给旅客们营造了轻松温馨的氛围。在这里候机的旅客不用担心错过登机时间，当航班允许登机时，服务人员会适时提醒他们，并有专人一路指引到相应登机口，免去了以往登机时间所剩无几时，两舱旅客在偌大的候机楼里奔波寻找登机口之苦。有的高等舱位旅客还享有优先登机权：在航班开始登机前，工作人员将进行优先登机的广播，在航班上客的过程中，也随时可以安排头等舱、公务舱旅客优先登机。

机上服务——起飞前的关照：

乘客一登机，就会有笑脸相迎的乘务员协助其安放行李，将衣物挂在衣帽间。引导旅客入座后，在航班尚未起飞前的一段时间内，乘务员会为旅客递上热毛巾并提供各种当地的报纸杂志。起飞前的欢迎饮料一般有橙汁和矿泉水，如赶上有正餐的航段还会提供香槟。

机上娱乐设施：头等舱和公务舱的旅客们会得到一副免费提供的耳机（但是737－300型飞机上没有娱乐系统）。目前在一些新机型上，如波音777型和部分747－400型飞机上，旅客还拥有先进的个人电视娱乐系统，可以玩游戏，收看各种专用频道中的电视节目。

以上的服务项目均是免费的。当然，购买机上的免税品是需要付费的，这时头等舱旅客可以优先购买。

最后，乘客们的旅途愉快地结束了。在乘务员们亲切的告别声中，头等舱旅客在下机时较普通舱旅客也享有优先权。

### 二、客舱服务技能

（一）头等舱乘务员工作职责

头等舱聚集着高层次的消费群体，在为头等舱（VIP）旅客提供餐饮服务时，与其迫切地了解旅客的用餐时间，以及频繁地让旅客一次次对餐饮种类作出选择，不如事先为他准备一张精美的卡片，请他勾画出喜好和要求。所留资料随即去充实建立头等舱（VIP）旅客服务档案，以备该旅客再次乘机时，我们能够为他提供超前服务。

当为头等舱（VIP）旅客提供报纸服务时，如连带着将本公司的杂志一并奉上，既可以不错失一个展示公司的机会，又潜在表达出员工的一份自豪感。

头等舱服务对乘务人员有着如下要求：

（1）着装整洁，文雅大方，待客热情有礼，动作准确娴熟，服务积极主动；

（2）要有较丰富的服务工作经验，能准确回答旅客提出的各种问题；

（3）对头等舱旅客实行称呼姓氏的服务；

（4）起飞前按检查单严格检查服务供应品、纪念品、餐具、食品、餐食配备情况，供餐前要保证餐食和食品齐备、餐具整洁，认真布置和摆放服务用品；

（5）热情迎候旅客上机，主动帮助旅客挂好衣帽，安放好手提物品，及时供应毛巾；

（6）始终保持洗手间的整洁、无异味，物品摆放整齐、美观；

（7）随时注意客舱温度的调节，保持客舱的安静，有礼貌地劝阻其他旅客不要到头等舱闲逛；

（8）熟练掌握头等舱中、西餐的供应程序和服务技能；

（9）熟悉混合酒、鸡尾酒的调配方法；

（10）细心观察旅客的需求，服务要做在旅客开口提出要求之前；

（11）下机时安排头等舱旅客先下，便于地面优先接待。

**小资料**

学服务，拉开架势练调酒

咖啡色的"天使之吻"、红蓝相间的"爱在蓝天"、粉红色的"浪漫星空"……在奥运空乘集训的调酒教室，记者在桌子上看到许多杯颜色鲜艳、刚刚调制出来的鸡尾酒，奥运空乘们正拉开架势，像专业调酒师般摇着摇酒壶。

"让她们学习如何调制鸡尾酒，一方面是因为在1月23日的总决赛上有调鸡尾酒比赛；另一方面，有了这项本领，她们可以为旅客现场调制鸡尾酒，丰富航空服务内容。"

为了帮助观众缓解紧张情绪，头等舱乘务员轻轻推来摆放精美的"空中彩虹，浪漫酒吧"台车，现场开始比试调制鸡尾酒。取大杯，加冰块，加三盎司威士忌（visky），加橙汁至七成，加装饰物、搅拌棒……很快一杯杯口感香醇的"悬浮威士忌""红眼睛"鸡尾酒调制完成了……姿势标准又麻利的头等舱乘务员们一边调制一边介绍每一种酒的用途、口味和调制方法。善解人意的乘务员们将调好的鸡尾酒送给台下评委、观众品尝，获得一片惊叹声和赞美声。

### （二）航空头等舱服务程序

1. 头等舱服务人员进入头等舱休息室后，首先打开电源开关，把空调开到适宜的温度，打扫环境卫生并打开水，同时检查服务用具是否到位，并按每周卫生计划值日表重点清理，保持室内空气清新，了解当天哪些航班有头等舱客人，准备迎接头等舱旅客的到来。

2. 头等舱旅客到来时，头等舱服务人员应主动迎上前问好："您好，请出示您的登机牌。"并把头等舱旅客引进头等舱休息室，然后把事先准备好的各种饮料放在托盘内，单手托盘礼貌地送至客人面前："您好！请问您需要喝些什么？这儿有绿茶、咖啡、可乐等等。"同时送上一份精美的小点心，服务时一定要面带笑容，直到头等舱乘客离开头等舱休息室。

3. 填写交接班本、小食品登记本、饮料使用本等等。填写旅客费用结算单，通知问询处某某航班有几位头等舱旅客，先行通知头等舱旅客登机。

4. 当问询处通知头等舱旅客可以登机时，还要了解此航班在几号登机口或是远机位，然后通知头等舱旅客登机，并引导旅客至登机口。

5. 头等舱旅客离开后应及时打扫卫生，看看有无旅客遗留的物品，如有请立即送上飞机交还给旅客或交给问询处记录保管。

6. 下班前要清点物品，切断电源，并将门锁好。

**练一练**

| 送毛巾： | 收毛巾： |
|---|---|
| 1. 把湿毛巾卷成O状，放在毛巾篮内，开口朝一个方向，按宝塔状逐个摆放整齐。 | 1. 用毛巾篮、毛巾夹。毛巾篮不能对着旅客，并配合语言。 |
| 2. 一手拿毛巾篮（注意拿毛巾篮的手势），毛巾竖着对着走廊，横着对着旅客。 | 2. 收好的毛巾，装入塑料袋。 |
| 3. 送毛巾时的手势，配合语言。 | 送餐谱： |
| 4. 送头等舱时，毛巾要焐热（保温箱或热开水），瓷盘要温热。 | 1. 左手托餐谱下端，右手扶住餐谱边缘。 |
| | 2. 在旅客面前站定，稍弯腰递送餐谱。 |
| | 3. 用右手打开标有主菜那一页，用右手递 |

到旅客手中。

4. 配合语言："先生（小姐），这是今天的餐谱，请选择您喜欢的热主菜。"

无餐谱时的订餐：

1. 以对半盘作底垫，使用订餐单订餐。

2. 了解当天餐食的搭配情况（土豆牛排、米饭海鲜、面条、鸡肉等）。

3. 走到旅客面前，主动介绍："先生（小姐），今天午餐（晚餐）的热主菜有鸡、牛排和海鲜，您喜欢哪一种？"

4. 旅客选择好后，将旅客所选的餐食填在相应的订餐单上。

注意：

1. 若旅客想进一步了解餐食情况，可作具体介绍，但不可将各种主菜端给旅客看或选择。

2. 旅客选择好餐食，先看一下旅客的座位号码再填写。

3. 将托盘移至走廊方向再填写。

4. 如有某种餐食特别受欢迎，很快订完，可保留一份，以备不用其他餐食的旅客选用。

5. 如用订餐粘纸贴在旅客的座椅背上端，送完热食后应直接取下。

铺收餐巾布：

1. 首先将餐巾布一折为二，顺着航徽的方向统一摆放整齐。

2. 将餐巾布托在手臂上，餐布开口处朝外，小臂离身体45°角，切勿靠在身上。

3. 走到旅客面前站定，弯腰，配合语言："先生（小姐），我们马上就要供应正餐，现在我为您铺上餐巾布好吗？"

4. 旅客同意后，先帮助旅客打开小桌板，然后铺上餐巾布（注意第一排靠内桌板可请求旅客帮助；注意铺时的动作高度）。对左侧旅客，用左手托餐巾布，右手铺；反之交换。换手时应对着走廊。

5. 收餐巾布时，从旅客的一边轻轻叠起，然后将其他三面先后同样叠起，收回，动作要轻，幅度不要太大，较低地拿走。

6. 征得旅客同意后，帮助旅客收起小桌板。

（三）普通舱送餐程序

1. 起飞后，内场烤饭，打开烧水箱，冲泡茶水、咖啡。

2. 外场送报纸。

3. 送收毛巾（湿纸巾）。

4. 穿围裙。

5. 摆放饮料车（内场）。

6. 广播送餐。

7. 送餐前饮料（为头排旅客打开小桌板，餐盘内有餐前水的除外）。

8. 从烤箱内取出热食放入餐车内，餐车上放上热食和面包（热食一托最多放15份）。

9. 送餐（车门务必在厨房内打开）。

10. 送冷热饮料。

11. 加饮料：茶水、咖啡、各种饮料（不收餐盘）。

12. 收餐盘：茶水、咖啡各一壶，少许饮料。

13. 内场整理厨房，外场收回客舱内剩下的餐盘和杯具。

（四）餐饮服务礼仪技能

餐饮服务技能是每个空乘服务人员应当掌握的基本技能，应加强训练熟练掌握。

（1）端的技巧

双手端托盘的后半部，托盘竖着端，大小臂成90°角。四指并拢托住托盘的下部，拇指扶在托盘的外沿；转身时，身子转，托盘不转。

（2）拿的技巧

拿杯子、酒瓶等的下1/3处；拿杯子时，无名指和小指托住杯底，其余三个手指扶住杯身。

拿空托盘时，竖着拿，盘面朝里，自然垂直在身体的一侧。

（3）倒的技巧

倒饮料至杯子的七成，儿童倒至杯子的五成；

带汽的酒或饮料，杯子倾斜45°角，以免泡沫溢出。

白葡萄酒：倒1/3杯，红葡萄酒：倒2/3杯。

（4）送的技巧

①送物品的原则：

从前至后，先里后外，先左后右（先 ABC 后 DEF），先女士后男士。左边的客人用右手送，右边的客人用左手送。

②送礼品的方法：

用大托盘，要求摆放整齐美观，标记正面对着乘客，每次送时要留有一份的余地。

③送饮料的方法：

用大托盘时，每盘摆15杯。

用水车送时，注意：大筒饮料摆水车中间，小筒饮料摆在四周，标志向外要整齐美观，方便取用。

杯子倒扣，高度不超过车上最高的瓶子。

非冷藏的饮料上放一沓餐巾纸。

吸管一包分2份，将湿毛巾叠成长条状，包住吸管的底部，放到一个杯子里。

咖啡和茶壶下垫一块湿毛巾。

水车两边各放一块湿毛巾备用。

④送小吃、纸巾的方法：

放在筐内或小托盘内，包装上的标记正对着客人，四指并拢，拇指卡边，不能伸进筐或托盘内，方便客人自取。

⑤餐盘的送法：

餐车门在厨房内就打开；

从上至下抽取餐盘；

热食靠近客人，餐盘放在小桌板的正中；

注意随时踩刹车；

一般情况下，餐车不能离开人。

⑥热饮的送法：

短航线或长航线上加热饮，茶壶放在小托盘上，托盘的左上角放一摞倒扣的杯子。

水车上的冷热饮，注意壶嘴不要对着客人（向过道），壶内的热饮不要太满。

（5）放的技巧

放东西的原则：轻、稳、准。无论在厨房还是客舱内均要注意。

（6）收的技巧

收的原则：先外后里收，摆放在托盘或餐车上时，由里向外摆放，餐盒摞在一起时，高度最多不超过5个。

杯子用托盘收，餐盘用餐车收。

餐车顶部放两个大托盘，放空杯子，用过的餐盘从上至下逐格摆放。

（7）推、拉的技巧

推餐车：手扶在车上方两侧。

拉餐车：手放在车上方的凹槽内。

（五）饮料服务与酒类服务

先发餐巾纸，再询问客人需要什么饮料。餐巾纸放置时注意边向着自己的方向。

（1）酒水的服务

◆啤酒：开啤酒时借助一条小毛巾，倒时杯子倾斜45°，先送杯子给乘客，再将啤酒筒也放在客人的桌子上。需冰镇（最佳饮用温度是4摄氏度）饮用为佳。如啤酒温度不够低时，乘务员不主动提出给客人加冰；航班无热食不供应啤酒。

下列酒水只供应头等舱：

◆红酒：室温提供，餐前30分钟开瓶。

◆白葡萄酒：冰镇10－12摄氏度。

◆香槟：冰镇8－10摄氏度。

（2）无酒精饮料的服务

①矿泉水的服务：最好冰镇，客人无要求不加冰；

②果汁的服务：橘子汁（用量最大）、番茄汁（外宾喜欢），加冰与否根据客人的要求；菠萝汁（适合糖尿病人）、苹果汁（适合儿童）冰镇饮用味道好。

提供果汁的注意事项：

开筒前摇晃均匀，擦拭筒的顶部；

开过筒的果汁保存时间不宜过长；

加冰与否征求客人的意见。

③带汽的饮料的服务：

打开前不要摇晃，在饮料车推出厨房前就先把瓶盖拧开再盖好；

倒时杯子倾斜45°；

婴儿、幼儿、神经衰弱者不主动向其提供可乐；

提供前询问客人是否加冰。

④茶、咖啡的服务：

经济舱提供花茶，头等舱提供花茶、红茶、绿茶。

红茶一般为袋泡茶，冲好后立即送给客人。

奶茶：沏好红茶后加牛奶（不能加柠檬）。

柠檬茶：沏好红茶后加一片鲜柠檬，客人要糖一同带去，不要提前加在杯中。

花茶：将茶包放入壶中，倒入五成开水，一会送餐时倒入七成开水。一般冲泡两次。

咖啡：先将速溶咖啡冲成浓缩的咖啡汁，服务前再将其加水冲调。

（六）报纸杂志的服务

（1）摆法：摆成扇形。

（2）拿法：四个手指并排托底，大拇指卡边。

（3）送法：呈45°角对准旅客，每位旅客送一份。

**练一练**

按照以上客舱服务技能，分别设计客舱餐饮服务、酒水服务、书报服务场景，同学4—8人一组进行训练。

### 三、机上免税品的销售

飞机上的免税品销售，应该是国际航班上丰富旅客生活和航空公司增加额外收入的手段。很多航空公司都有自己的免税品销售服务。机上购物已成为电影、音乐和美食以外，国际飞行旅程的另一种体验。国际航班上销售的礼品种类繁多，从香熏、化妆品到电子产品及珍藏精选等，更有部分独家发售的礼品。这些商品质量可靠，价格比很多商场甚至机场免税店便宜许多，可谓物美价廉。下面介绍一些空乘人员销售机上免税商品的礼仪技能和注意事项。

（一）网上免税品预订

由于某些航班的飞行时间短，加上飞机空间有限，为了保证乘客选购的商品能及时送达所乘坐的国际航班上，一些航空公司开通了网上免税品店。乘客可在离境前2～21天登入网站，浏览网上购物指南和优惠信息，可在网上尽情挑选并预订好礼品及免税品，乘坐该航班时再付款提货。到时乘务员只需请乘客出示相关证件并付款即可。

（二）机上付款及提货

各种商品均标有美元价格，乘务员应向乘客介绍其他货币的价格，如果乘客在本航班上选购免税品总价值在15～300美元之间，也接受信用卡付账。

1. 向乘客分发航班购物指南杂志；

2. 请有意购买货品的乘客填写"客户机上购买订单"，稍后为乘客送上货品；

3. 航班购物指南杂志内所列的香烟及酒精类饮品，均不会向18岁以下人士出售；

4. 信用卡购物通常以美元计算，信用卡持有人需出示有效旅行证件；

5. 每位乘客的刷卡金额通常累计不得超过 15～300 美元，每张卡只允许刷一次，如购物超过信用卡最高签账额，差额须以现金支付。

# 第四节　飞行过程中乘客服务技能与训练

作为服务行业的一种，要求空乘人员以最大的细心和耐心对待旅客，合理满足旅客的要求，真正做到"想旅客之所想，急旅客之所急"，让他们感受到民航服务的独特之处。

也许有人会这样认为，乘务工作不外乎是端茶送水而已，只不过是一种体力劳动。其实空中服务看似简单，但真正做好却不是很容易。因为空中服务不同于平常的服务，它是一种包含送餐送饮料这样的有形服务以及对旅客的关心体贴等无形服务的综合体。"温馨"的有形服务，可以用微笑、用热情友好的方式传递给旅客；而无形服务，则需要用健康愉悦的情绪去感染旅客，用宽容、体贴、友善的态度对待旅客，用优雅端庄的举止、自然风趣的谈吐去感动旅客，用自然甜美的微笑、真诚友好的表情唤起旅客心灵上的共鸣，从而减轻旅客的旅途疲惫，使之产生惬意之感，得到除餐饮之外的心灵愉悦。而这种无形的服务，在某种程度上讲，才是一种高级的服务。这就要求空乘服务员首先不仅要熟练掌握为乘客服务的技能，更要懂得为乘客服务的艺术。同时，在服务过程中空姐工作的本质是空中服务员，需要较强的沟通、协调、特情处理能力，这时就要求空姐能摘下身上的光环，在琐碎繁重的工作中，保持善良、和蔼、宽容的品质。而且服务本来就是个很主观的概念，仁者见仁，智者见智，只能由旅客自己去感受。其次，由于服务的无形性，服务工作效果如何，很大程度上取决于乘务人员的工作态度。首先是要培养对空中服务工作的深厚感情，只有真正喜欢为旅客服务，愿意给他们带来快乐，才能用真心，献真情。面对旅客，一个发自内心的微笑，一句暖人的问候，一个真诚的祝福，或者一个简单的动作这些平凡的小事都能获得旅客的信任和赞许，使旅客如沐春风，在小事、在细微之处用"心"去赢得旅客。

可以说，一位优秀的乘务员就是这家公司的活广告。

## 一、练就一双慧眼——洞察他人需求
个案

| 我对祖国空乘的感受 |
| --- |

每当出入国门看见停在国外机场上的国航飞机都有一种亲切感，因为上面有我们的国旗。

记得第一次出国留学时大概才十多岁，一个人第一次出国，不知道落地以后那是怎么样，

97

甚至没有人接我，心里不放心。飞了6个多小时什么也没心情吃，看见旁边的老外以及那些华人我觉得自己很孤单。天也黑了，但飞机依旧穿梭在黑夜里，窗外什么也看不到，机舱里面大家都睡觉了。我拿出家人的照片，看看就不由得抽泣了，因为那时是端午节。我觉得自己很无助，真的没有勇气面对。眼泪流下来了，有一位空姐看见了，走过来摸了摸我的头，我抬头看见她（至今还记得她那甜蜜微笑的脸，真的很亲切，我想除了家人的微笑再没有这样亲切的），她很亲切地问我："小弟弟，你怎么了？不舒服？"我只是摇摇头，我猜她应该知道我心情是怎样的。这时候另一个空姐给我端来一杯热牛奶，其实我并没有要的，但此时我却觉得这是我非常需要的东西，喝下去肚子里面暖融融的，觉得比刚才好多了。看来人家比我还知道我需要什么。因为机舱里面大多数都睡觉了，所以空姐不忙，那个送牛奶的空姐又来到我旁边问我是否还需要帮助等，我

向她咨询了落地后的情况和我下飞机后应该怎么做，她很详细地解说了，把那里机场的基本结构以及我怎么去海关怎么办理基本手续都告诉我了，让我心里有底了，至少我不用担心下飞机怎么办（因为当时刚出去英语不好，所以她等于解决了我最大的疑问），还告诉我一些最应该注意的问题，我紧张的心情终于平静了，也睡着了。下飞机的时候那个空姐还给我了一张当地地图，这在以后的几天就是用它了。走的时候空姐（现在知道她是乘务长，制服颜色不一样）还给我说了很多关心的话，让我从心里面很感动。

从那时空姐在我心中树立了一种非常和蔼可亲很平易近人的形象，虽然有人说国外航空公司的服务要好过我们国家航空公司的服务，但就我个人认为，我国的服务不会低于国外航空公司，每次回国，当我刚进机舱看见中国空姐的微笑以及"Air china"，我就觉得我的一只脚已经踏进了国门。

**想一想**

两位空姐是如何发现"我"这位小弟弟的特殊需要的？

空乘服务人员在飞机上会遇到各行各业、性格迥异的人，模式化服务显然是不适用的。有人需要一句亲切的问候，有人需要一次座位引导，还有的人只需要安静地为他递上一块毛巾。要做好服务，更要把服务做在乘客开口之前，即使他们没想到，也要细心地去发现，尽力做到贴心、周详。比如乘客拿着手提袋装的行李，为防他们勒手，自然地递上毛巾让乘客垫着；起飞前遇到乘客在吃东西，就主动给他们送上一杯水；在飞行中，乘客起身要去洗手间，就顺手帮他们开门……但是，空乘服务人员在实际工作中面对大量的旅客，他们的情况千差万别，流动性大，客舱停留时间短，如何了解他们，怎样才算服务到家？其实人的心理活动，总会通过言行、表情等来表现，因此可以根据旅客在服务交往中有意识和无意识的各种行为表现分析他们的心理。

大致可以从以下几个方面来观察：

◆乘客的谈话方式。语言在人类交往中是使用最普遍、最常见的一种形式，我们和乘客的交往也大多在语言上，因此我们可以从乘客的语言、语音、语调等方面来判断旅客的心理活动。有些乘客讲话时词语很丰富，滔滔不绝。我们常在工作中碰见这样的乘客：在你完成工作程序后，他会找你搭话，好奇地询问，甚至聊起家常。类似乘客性格

一般直爽、外向。我们就可以在不影响工作的前提下，尽量满足他的好奇心。也有的旅客沉默寡言，语言表达含蓄，甚至不太搭理你，类似旅客可能比较内向，或者自我保护意识比较强，那么我们就不要经常去打扰他。此外口头禅也能显示一个人的个性特征。常说"说真的""老实说""的确""不骗你"等口头禅的人，一般都比较担心对方误解自己；常说"应该""不应该"的人一般有极强的自信心，显得很有理智、冷静，或者比较爱表现，那么我们千万不能打击他的自信心，而要努力维护。

◆乘客的面部表情。人的面部活动是人心理的表现，是人的情绪最明显最直接的表现。皱眉头表示乘客内心烦躁，可能有什么不愉快的事情或难解决的事情，在情况允许的时候，我们可以主动询问他是否需要帮助。在所有的目光中我们要特别注意某些乘客凝视的目光，因为这种目光一般反映当事人两种心理状态：一种强烈的爱，一种强烈的恨。鼻子也可表达感情，歪鼻子则表示怀疑；我碰到过这样一位旅客，他向我们多要一份米饭，由于回程旅客人数我们不知道，也就无法知道米饭的数量是否充分，于是我们只能抱歉地告诉他这一实情。这位乘客第一个动作就是歪鼻子；鼻尖冒汗则表示很紧张或者很痛苦。一些晕机厉害的乘客常常鼻尖冒汗。最后还有嘴巴，嘴角上扬表示乘客内心很愉悦，反之则表示悲伤。

◆旅客的身体姿态。最为常见的就是坐姿了，它可以分为坦诚开放的姿势、防卫对抗的姿势和紧张不安的姿势。坦诚开放，诸如摊开双手，这是许多人表现真诚和坦然的一个姿势；防卫对抗，是一种小心戒备，隐蔽个人意向以对抗他人侵辱的姿态。乘客中常有双臂交叉、交叉双臂两手放在腋下等姿势，这是一种普遍而又有代表性的防卫姿势，无论在什么场合，它都显示了一个人消极和防御的态度，往往是人处在紧张或者惶恐的情况下出现的姿势。比如在候机室，有些第一次乘飞机的乘客或有些乘客因为某件事情而引起心理不安时，他们往往会双手掌相交握或者双手指交叉紧握，或两腿交叉双手紧握臂，再不就是点起香烟等等。在飞机上假如看见某位乘客表现出强烈的克制行为时，就可以大致猜出他是初次乘机者，这时，应该给他安慰，比如送上一杯饮料，帮助他消除紧张的情绪。

总之，服务的乐趣就体现在细心观察，为旅客提供细微服务之中。更重要的是提供聪明的服务，有针对性的服务。

**乘务服务感言集锦**

★服务要从"心"开始：细心地去观察，　　取，全心地去服务。
真心地去体会，诚心地去帮助，耐心地去听　　　　　　　　　——李明珠

## 二、换位思考——理解顾客心理

**个案**

### 当"空中大爷"遇见空中小姐

没怎么坐过飞机，更没有什么奇遇，想起来那天好容易坐把飞机，算是开眼了。

坐上一架由全国级青年文明号"雪莲"组服务的飞机，空姐清一色的美女，态度都很热情，觉得运气挺不错。

飞机中途落在长沙，上来一个乘客，年纪三十出头，四十不到，眯细眼，坐在我后面两排，飞机还没飞，就嚷嚷要喝水，美女空姐说："等乘客都坐好，飞机起飞了，我们就为您送水。"飞机从长沙起飞不久，美女空姐就端来一杯水，"眯细眼"眼也不睁，说道："一杯能够吗？"美女空姐二话没说，又端来一杯水。"眯细眼"又不睁眼："我要喝热水。"美女空姐马上换上热水，"眯细眼"又说："这热水都看不见冒气，能叫热水吗？"空姐解释说："不能倒太烫的水，免得烫到您，这个温度正好，不信您试试。""眯细眼"哼了一声，一饮而尽。

没一会，这位"眯细眼"又把呼叫器按下，叫来空姐开始嚷嚷："这都七点多了，还不开饭，想饿死人呢？"空姐解释说："飞机刚刚起飞不久，还没飞稳，一会我们就送来，请您别着急，等一下好吗？""眯细眼"嚷嚷道："我就是没见过饭，我就等着吃你这顿饭呢。"

一会儿，开饭了，空姐微笑着问"眯细眼"："您是吃米饭还是吃面？""眯细眼"说："两样我都要。"空姐说："对不起，您只能先挑一样，回头如果有多的，我再给您送来。""眯细眼"很不情愿地拿了一份开吃。

吃完了，空姐开始收餐具，到了"眯细眼"跟前，"眯细眼"假寐。空姐问"眯细眼"："您的餐具收不收呢？""眯细眼"睁开眼睛，从鼻子里哼出一句："你说呢？"空姐笑着说："我是担心您还没吃完，那您说收不收呢"？"眯细眼"又哼了一句："那你自己看吧！"空姐说："那到底收不收呢？您要是愿意不收，就还放在您这儿，要是愿意收，我就收走了。""眯细眼"这才给了句痛快话："那就收吧。"

空姐收走餐具，"眯细眼"蒙头便睡，一直到飞抵目的地，才大摇大摆地下了飞机。

**想一想**

1. 案例标题中为什么将男乘客称为"空中大爷"？

2. 空姐是如何为这位特殊乘客服务的？

★作为服务人员，最怕顾客刁难。其实顾客并不是真的想刁难服务人员，因为"最挑剔的顾客也许就是最忠诚的顾客"。顾客在选择服务时有一个比较、考察的过程，这个过程可能就是对服务人员的"刁难"，所以，服务人员一定要正确面对这种"刁难"。上文中的男乘客属于典型的有"优越感"的乘客，即完全把自己当成了上帝，所以表现出较傲慢和唯我独尊的言行举止，不仅是服务人员，就连其他乘客也觉得过分；而上面那位空姐则用自己的真诚和智慧既满足了男乘客的心理需求，又维护了自己的尊严。

另外一般的顾客不会有意去刁难服务人员，除非他们遇到了一些影响情绪的事情，服务人员除了要会察言观色，还要学会换位思考，理解乘客的心理，例如期待、焦急、独享、优越、尝试、求全、以自我为中心……这就要求空乘服务人员常常假设如果自己是乘客，希望得到什么样的服务，或者自己作为乘客遇到同样的事会有什么样的感受，等等。

个案

---

### 当好怒怒旅客的情绪调节员

资料来源：中国民航报　作者：黄莹

一次，我执行航班从海口飞往广州，一位旅客按呼唤铃，要求我给他找一份《海南日报》。可《海南日报》已经全发完了，于是我为他拿来了一份《广州日报》，并带着抱歉的语气向他作了解释，谁知他很生气地接过报纸，翻了两下就放到座椅前的口袋里了。看着他一脸不悦的神情，我心里非常难受。

飞机起飞了，我一直注视着刚才那位旅客，我发现他好像很不舒服，一会儿伸手转转上面的通风口，又转转旁边座位上方的通风口，最后抱着膀子坐在座位上。一定是他感到空调太凉了，于是我赶紧走到他面前，亲切地问："先生，您是不是感觉空调有点凉啊？我给您拿条毛毯吧！"他看到我，愣了一下，点点头。我立即取来毛毯递给他，他轻声地说："谢谢！"我心里舒坦了好多，虽然他怒气消了

一点，但我的目光仍然始终不自觉地落在他身上。送饮料时，看他喝得很急，我断定他一定很渴，于是我又主动倒了一杯给他送上去："先生，您一定很口渴吧，我又给您倒了一杯，您慢用，如果不够的话请随时按呼唤铃呼叫我。"他有点惊讶地看着我，接过那杯水，并连说："谢谢，谢谢，我的确很渴！"我连忙说："不客气，这是应该的。"那位旅客简单的"谢谢"两个字温暖了我整个人。当我得知他想喝杯黑咖啡时，我又立即为他冲调好一杯香浓的黑咖啡，他诚恳地对我说："对不起，一开始我向你要报纸的态度不好，请不要在意。我以为你们只会偷懒，还找许多借口来糊弄旅客，但是我现在断定你不是。小姑娘，希望你能继续这样坚持工作下去，继续用你的诚心、细心、热心和亲切的态度为其他旅客服务，好吗？"

---

★以上乘客发怒的原因是没有得到想要的报纸，并误以为空乘人员故意偷懒不给他报纸。但是"我"有一颗为乘客真诚服务的心，因此分析出乘客发怒的原因，观察、发现乘客未说出口的要求，用细心、周到的服务使乘客怒气全消，赢得了乘客的好评。

因此面对乘客的"刁难"，处理得好，会使其变成最忠诚的顾客；处理不好，就会"好事不出门，坏事传千里"，那时失去的就不止一位乘客了。

乘务服务感言集锦

★以人为本，对特殊旅客贴心服务，对反常客人热心服务，对普通旅客全心服务，对生病旅客细心服务，对挑剔客人耐心服务，才是人性化服务的精髓。

★站在旅客的角度上多想那么一点点，多做那么一点点，一个小小的动作，一句贴心的话语，就会使我们的服务提高一个档次，真正服务到旅客的心坎里，让旅客体会到更高层次的服务：用心的交流。

★服务中要以人为基点，以换位的方法对待旅客，把自己放在旅客的角度去真切地感受他们需要什么。细微服务，特殊照顾，变被动服务为主动服务，想旅客之所想，急

旅客之所急。

### 三、特殊乘客的服务

随着时代的发展，中国的航空市场竞争格局必将完全进入"乘客需求时代"，这一点在为乘客服务、机上创新服务等方面，都得到了鲜明的体现，服务也因此必须最大可能地了解乘客的多样化、个性化需求。

在航空运输中，特殊旅客是指由于身份、行为、年龄和身体等状况，在旅途中需要特殊礼遇及照料，并符合一定条件才能运输的乘客。现在的空中服务已不是简单的端、拿、倒、送，因为这只能满足旅客的一般要求，有一部分需要特别关心与照顾的旅客就要靠乘务员主动发现了。空中服务已经由标准化、规范化、程序化向人性化、个性化迈进，更加强调细微服务。只有工作得更仔细，力求精致追求完美，为乘客想得更周到，服务工作才能成为抚慰他们心灵的清风。这些更多地体现在为一些特殊乘客服务的过程中。在为这些特殊乘客服务的过程中如何体现多样化、个性化和人文关怀呢？下面分类进行介绍。

（一）从身份上划分，主要指贵宾，即 VVIP 旅客（Very Very Important person，即非常重要的旅客。如国家元首、享受专机待遇的要客等）和 VIP 旅客（Very Important person，即重要旅客。如政府要员、外交使节、部以上领导、公司认可的要客等））。

一般说来，贵宾有着一定的身份和地位，他们的自尊心、自我意识强烈，希望得到应有的尊重；与普通旅客相比，他们乘坐飞机的机会较多，可能会在乘飞机的过程中对空乘服务作有意无意的比较。空乘服务人员在为他们服务时要特别注意态度热情、言语得体、落落大方，针对他们的需求采用相应的服务。具体如下：

1. VIP 乘客登机时，应先根据其资料正确叫出他们的姓氏和职务，使他们在心理上产生一种满足感；然后尽快接其手提行李，引导入座；

2. 尽早与 VIP 乘客随行人员联系取得 VIP 个人有关资料，为服务提供参考；

3. 如有本公司高级官员陪伴，应先请示，少作不必要的打扰；

4. 勿怠慢其随行人员及记者，避免其他乘客察觉差别待遇；

5. 如遇有航班不能正常起飞及推迟着陆时间，主任乘务长/乘务长应向 VIP 乘客解释并表示歉意；

6. 飞机到达目的地时，将 VIP 乘客手提行李提至门边，并介绍迎接的地面工作人员或其他人员。

（二）从年龄上来看，我们可以将旅客分为婴儿旅客、儿童旅客、老年旅客，他们都是我们需要特别关注的特殊旅客人群。

1. 婴儿旅客

指出生 14 天至 2 岁以下的未成年人，应由年满 18 周岁以上成人陪伴，不占用座位，由成人抱着，或者在成人座位旁若有合适的保障儿童安全的设施（婴儿床），也可将其安置于内。但起飞、着陆前，不可将婴儿放置在床内。婴儿购成人全票价 10% 的客票，无免费行李额，每个成人只能有一名怀抱儿童。

办理乘机手续：婴儿与陪伴的成人旅客同时办理乘机手续。办理乘机手续时，应查看婴儿出生年月的有效证明，根据所购客票核对其年龄是否符合运输规定。

空乘人员应在服务时根据情况主动为携带婴儿的成人旅客提供必要的服务和帮助，具体如下：

（1）迎客时：乘务长指定一名乘务员帮助其提行李，但一般不要帮抱小孩。

（2）座位安排：持婴儿票的婴儿旅客，不为其提供座位，但如机上未满座，可在携带婴儿的成人旅客座位旁留出一个空座位供安置婴儿，携带婴儿的成人旅客座位最好在前排或能挂摇篮的地方。

注意：婴儿旅客不能被安置在出口座位处。

（3）婴儿瓶装食品的检查：

a. 有效日期；

b. 瓶盖不可鼓气；

c. 根据客人的要求给以加温；

d. 送出时需配置茶匙及纸巾。

（4）帮其安放好行李物品，提醒将旅途中需要用的物品取出。

（5）调整好通风口，不要对着婴儿。

（6）介绍呼唤铃、卫生间、尿布更换处、安全带的使用方法。

（7）婴儿的头不能向着过道方向。

（8）婴儿车的安置：豪华的婴儿车需托运，伞形的可带上飞机，乘务员应将婴儿车放在衣帽间或座位底下，沿着机舱壁板方向放。

（9）飞行中的服务。

◆协助换尿布

位置：卫生间的婴儿护理台，乘务员座椅，空的旅客座位。

方法：事先在座位上垫上一块毛毯（用过后另外存放，在客舱记录本上记录，机务人员会拿去清洗），用过的尿布扔在卫生间的垃圾箱内。

◆冲奶粉

婴儿父母（监护人）需要乘务员帮助冲奶粉时，乘务员应根据父母（监护人）的要求帮助调制好奶制品。

a. 将奶瓶洗净，消毒（用开水烫）；

b. 奶粉用量要准，询问家长所需奶粉的数量和加入水的数量；

c. 试温度：将奶粉放入瓶内，倒入开水冲开，太烫时，应将奶瓶放入凉的杯中降温，摇晃后倒出一两滴滴在手背上，感到不烫手为宜。

d. 送奶瓶：用干净的毛巾包好奶瓶，再送给婴儿的父母（监护人）。

（10）婴儿用品的准备（床、食品、牛奶、奶粉、尿布）。

（11）起飞、着陆时，乘务人员特别注意婴儿的安全以及舒适，替父母唤醒睡觉的婴儿，以免压伤耳膜。

（12）介绍高空飞行常识给婴儿父母。

（13）飞行途中婴儿哭闹时，乘务员应主动询问或者提醒父母婴儿是否有不适的情况（例如过冷、过热、饿等）。

（14）下机：帮助其拿好随身物品送下机。

2. 儿童乘客

儿童乘客具备了好奇心旺盛、求知欲强、活泼好动、情绪外露，另外还有对陌生环境、人、事物的恐惧感及缺乏具体的是非辩证思维等特点，在为其服务时，首先应打破成人与儿童之间的疏离感，站在一个平等的朋友的角度上进行接触，同时在尽可能的范围内充分满足他们的好奇心和求知欲，并且通过一些机上小知识和安全乘机方面的介绍使其从小就养成良好的乘机习惯，也可以间接的对其父母或陪同作再一次的教育和讲授。具体服务如下：

◆普通儿童旅客

（1）应当有成年旅客陪伴。

（2）不能坐在出口座位处。

（3）为其提供玩具或者故事书。

（4）乘务员应告知小孩父母，避免其在客舱走动、玩耍，以免受伤或妨碍乘务员工作。

（5）注意避免其随意乱动紧急出口或者卫生间内的设备。

（6）提供儿童专用餐点（饼干、糖果等）。

（7）起飞、着陆时，注意安全带的正确使用。

◆无成人陪伴儿童

无成人陪伴儿童，又称无人陪伴儿童或无伴儿童，指年龄满5周岁但不满12周岁，没有年满18周岁且有民事行为能力的成年人陪伴乘机的儿童。对无成人陪伴儿童应指定一名乘务人员照顾，但无需增派一名乘务人员。

同一航段中无成人陪伴儿童，B757飞机不得超过5名，B737飞机不得超过3名，A340飞机不得超过8名。

◆无成人陪伴儿童的接受与运输条件

A. 必须事先在本公司或本公司授权的售票处办理定座和购票手续，提出特殊服务申请，经本公司同意后方可运输。

B. 无成人陪伴儿童应由父母或监护人陪送到上机地点，并在儿童下机地点安排人员接送和照料，并提供接送人姓名、地址和电话号码。

C. 运输全过程包括两个或两个以上航班时，在航班衔接站，应由儿童的父母或监护人安排人员接送和照料，并提供接送人姓名、地址和电话号码。

D. 每一航班载运的无成人陪伴儿童限 5 名（支线为 2 人），但对按无成人陪伴儿童办理的年龄在 12 周岁至 15 周岁的旅客则无载运人数限制。

◆无成人陪伴儿童服务程序

（1）接到无人陪伴儿童通知后，在购票时应提出申请并填写申请单，首先请旅客出示机票，填写无人陪伴儿童交接单。

（2）填写内容包括儿童姓名，所乘航班号，目的地，送行及接站家长姓名，电话，如有行李托运，还应填写行李件数及行李牌号码。

（3）如旅客有特殊要求，还应在交接单上注明。

（4）填写无人陪伴儿童登机本和服务卡，并把服务卡挂至儿童胸前。

（5）通知内场服务员，引导无人陪伴儿童办理乘机手续，进行安全检查，送至特殊旅客休息室休息等候上机。

（6）内场服务员接到上客通知后，先将无人陪伴儿童送上飞机与空乘进行交接，递交交接单的机组联。

（7）外场服务员接到乘务员转交的无人陪伴儿童后，将其送到到达厅出口处交给家长，并请家长在交接单上签字，如家长未到，服务员将儿童带到到达厅问询处等候，并通知广播室及时广播寻找家长。

（8）无成人陪伴儿童乘机服务：

安排无成人陪伴儿童在乘务员易于照顾的座位，如遇到航班不正常，公司将安排专人对无成人陪伴儿童进行照料。如航班取消，则应派专人将儿童交还儿童的家长或监护人，确保儿童全程无忧旅行。

起飞下降前：如在睡觉，将其叫醒，以免压伤耳膜；帮助其系好安全带。

饮食服务：不提供热饮，饮料倒 1/2 杯。在旅途中，吃的食物要做好记录。

（9）无成人陪伴儿童到达：

根据无成人陪伴儿童的乘机信息，与儿童的父母或监护人取得联系，安排专人迎接和协助办理儿童到达手续，在将儿童移交儿童父母或监护人之前负责进行照料。如儿童转机（只限衔接本公司航班），应同样协助其办妥转机手续，并按出发服务要求提供相应的服务。

★另附

无人陪伴儿童交接单的保管：

（1）交接单分问询联、机组联和机场联三部分。

（2）大厅问询服务员负责收管问询联，内场服务员收管内场联，妥善保管，每日核对一次，以便查询核对人数。

（3）内场服务员还应保管好乘务员交接的无人陪伴儿童交接单。

3. 老年乘客

老年乘客受到年龄或身体的限制，在一定程度上需要给予特殊的关注，具体服务要求如下：

（1）登机：主动帮助老人提行李，如有必要还需搀扶；

（2）入座：主动引导老人入座，并帮忙放好行李，帮助系好安全带；

（3）餐饮：提供细软的餐食、温热的饮料，将餐勺递到他们手上，提醒他们慢慢就餐；

（4）休息：调好空调温度，及时提供毛毯、枕头、靠垫等物品；

（5）如厕：如有必要，应搀扶老人上卫生间；

（6）安全：起飞着陆时，提醒安全带的正确使用方法。

（7）其他：旅途中多询问老年乘客有何要求。

**个案**

在某航班上，乘务员在迎客的时候发现一个年纪约70左右的老先生右手不停地抖动着，经了解，老人是帕金森病患者，右手抖动造成无法进食喝水，这次又是一个人旅行，准备不吃不喝直到目的地。乘务员知道后专门将他调至靠通道座位，然后详细介绍了机舱服务设备的使用方法，并告知有任何事都可以呼唤客舱乘务员。在供应饮料时，乘务员只将他杯中的饮料倒至1/3处，等老人喝完后再加入，直到老人说可以了。

供餐服务时提前告诉他，午餐稍后为他提供，在为其他旅客提供完餐水后，有一位乘务员拿着为老人准备的餐蹲在他身边说："大爷，一个人出门在外，需要互相照顾，今天您就把我们都当成您的孙女吧，您的手不方便，让我来喂您吧。"老大爷感动得不知道怎么表达，含着眼泪吃完了这顿飞机上的"孙女"喂的饭，在下飞机时，老大爷一口一个感谢，并说道："你们真是比自己的亲孙女还贴心啊，我真是不知道说什么好啊，谢谢，谢谢。"

★这或许不是什么特别的例子，但是却说明这位乘务员在为这位老年旅客服务的时候，真正做到了从旅客角度出发，为旅客所想，是值得大家学习的。

**乘务服务感言集锦**

在客舱里，亲情是纽带，能让我们与旅客间没有距离；

在旅途中，亲情是针线，能串起无限的欢乐，绣出美丽的风景。

怎样的服务才会让旅客感觉到家了，感受到亲情呢？

是一上飞机见面时，亲切的微笑，

是安排行李忙乱时，及时的协助，

是满头大汗口渴时，毛巾和温水，

是不知所措困惑时，耐心的讲解，

是打开报纸阅读时，温暖的灯光，

是长途旅行疲惫时，体贴的毛毯，

是把每一位旅客当做亲人。

（三）孕妇

◆孕妇的运输条件

（1）怀孕不足8个月（32周）的孕妇乘机，除医生诊断不适应乘机者外，按一般旅客运输。

（2）怀孕超过 8 个月（32 周）但不足 35 周的孕妇乘机，应办理乘机医疗许可证。该乘机医疗许可证应在乘机前 7 天内签发有效。

（3）下列情况，一般不予承运：

A. 怀孕 35 周（含）以上者；

B. 预产日期在 4 周（含）以内者；

C. 预产期临近但无法确定准确日期，已知为多胎分娩或预计有分娩并发症者；

D. 产后不足 7 天者。

◆售票

（1）孕妇乘机，必须事先在本公司售票处办理定座和购票手续。

（2）接受怀孕 8 个月或 8 个月以下的孕妇定座，售票员须查看预产期证明。

（3）接受怀孕超过 8 个月的孕妇定座，旅客应提供《诊断证明书》一式两份。一份交旅客办理值机手续。一份由售票处留存并以传真形式及时通报给客舱与地面服务部协调调度。

（4）超过 8 个月的孕妇定座需填写特殊旅客运输申请表和特殊旅客运输记录单，应由本人签字，如本人书写困难，也可由其家属或监护人代签。

◆孕妇旅客的乘机服务

（1）主动帮助提拿、安放随身物品；

（2）座位一般安排在较宽敞和便于乘务员照顾的地方；

（3）调整通风口，不要使其受凉；

（4）介绍客舱设备的使用：呼唤铃、清洁袋、卫生间的位置；

（5）送一个小枕头垫在其背后；

（6）起飞下降前：将一块毛毯垫在小腹部，再将安全带系在大腿根部；

（7）旅途中，随时了解其情况；

（8）紧急情况下，要找两名援助者帮助孕妇逃生。

◆孕妇提前生产

A. 通知机长；

B. 客舱内广播寻求医护人员；

C. 疏散产妇附近的旅客；

D. 乘务员准备应急医护用品；

E. 向产妇家人（朋友）取得有关资料；

F. 报告机长决定返航或继续前往目的地，联络救护车；

G. 广播后无医护人员，乘务员按急救常识直接协助孕妇生产。

（四）残障乘客

**案例**

　　一次，空姐张萌执行杭州—大连航班。迎客时，她发现一名脸上严重烧伤缠着绷带的特殊乘客，一同登机的乘客都被那张烧伤的脸吓得躲出很远。张萌一边热情、自然地向他问候，一边为他安排了一个较安静的座位。提供饮料时，张萌首先将一瓶矿泉水拧开盖，并细心地插上了一根吸管递给了这位乘客，因为他那缠着绷带的嘴已无法像正常人那样喝水，他充满感激又略带吃惊地抬头看了张萌一眼，轻声说了句"谢谢"。由于客舱内很干燥，这名乘客尚未痊愈的伤口开始干裂向外渗血，他那痛苦的表情很快就被一直留意他的张萌发现，在得知他随身未带任何药物时，张萌将干净的小毛巾在沸水中煮了消毒，放凉后再送到乘客的手中……

　　★残障乘客在身体上已经有了伤痛，比正常人更需要关心、照顾；有些残障乘客是通过乘坐飞机寻求更及时、更好的治疗，病情处于变化中，需要密切关注和专业护理，所以空乘服务应尽量体现人性化、专业化，使其减轻身体的伤痛，从精神上得到关怀和抚慰。

　　◆对残障乘客服务的原则

　　（1）残障乘客需要特殊服务时，要事先向航空公司提出申请，航空公司可以提供上飞机、下飞机及衔接航班的协助服务，包括人员和装备，航空公司应接受轮椅作为托运行李，但禁止旅客自行携带氧气。

　　（2）座位安排：

　　一般按照公司的规定把特殊旅客安排在舒适、便于行动和乘务员照顾的位置，陪伴人员座位应安排在病残旅客的座位旁。残疾旅客需多占座位时，应按实际占用座位数购票。如机上座位不满，可根据情况在病残乘客座位旁留出一个空座位，以方便病残乘客。但在飞行途中临时生病需多占座位时，如有空余座位可以提供，不需补票。不得安排残障乘客坐于应急出口或靠通道的座位，也不得安排其直接与另一位类似的乘客同排就座。

**乘务服务感言集锦**

　　★亲情服务需要我们对待旅客应该像对待亲人那样动情，能够以情感人，急旅客之所急，帮旅客之所需。在服务工作中，要细心观察，主动把握不同旅客的心理特点和需求，用真情与不同旅客沟通交流，使他们提出的愿望得到满足，感受到我们的尊重和照顾，享受到亲人般的关心和帮助。

　　　　　　　　　　　　　　　　　　——邢艳艳

　　◆不同残障乘客具体服务如下：

　　（1）轻、中度伤残

　　即上下飞机时不需要或仅需要很少帮助者。如虽然伤残但天性开朗、合群，也习惯空中旅行，可视为正常乘客对待，但不能坐在出口处。

　　（2）严重伤残

　　需要依靠他人帮助才能上下机者，不能坐在出口位置，应坐在靠近地板高度出口处，并不能直接与另外一位类似的乘客相邻。

　　（3）担架病人

A. 担架病人乘机必须有陪伴人员。

B. 登机前主任乘务长应了解其病症，到达站，有无家人、医务人员陪同和有无特殊要求等。

C. 安排担架病人先上飞机，最后下飞机。

D. 将担架放在固定的位子上，病人头朝机头方向，系上安全带，拉上帘子。下降时，打开帘子用枕头或毛毯垫高头部。航行中指定一名乘务员负责照顾担架病人，根据医务人员或家人的要求送水和食品。

E. 到达站时，请机长联络地面安排有关事宜。

（4）精神痴呆乘客

A. 无人陪伴的精神痴呆者不能单独乘坐飞机，要劝其下机。

B. 在起飞前，发现精神痴呆乘客，要立即报告乘务长和机长，并与地面有关部门联系。

C. 在空中发现精神痴呆乘客，要将其座位调到离开出口、窗口的位置，指派专人看护，并报告主任乘务长、乘务长和机长，做好防范措施。

（5）精神失常的乘客

A. 有确保有控制病人的陪伴人员。

B. 狂躁型精神病人经镇静治疗后，方可乘机。

C. 在起飞前发现精神异常的乘客，要了解其是否有乘机经历，并报告主任乘务长。

D. 在空中发现精神异常的旅客要立即报告乘务长和机长，指定专人看护，与其聊天，稳定情绪，并将其调到离开门口、窗口的位置。

E. 着陆前应先行询问是否需要转机或专人护送至机场，以便事先通知。

（6）聋人

A. 一般规定每个航班仅限一个无人陪伴的聋人，16岁以下无人陪伴的聋人乘客不予接受。有人陪伴的聋人只限于成人乘客陪伴，可视为一般乘客对待。

B. 向无人陪伴的聋人用书写的方式作自我介绍，帮助他确定座位，并详细解释一切服务细节。

C. 将客舱内一切设备向聋人或聋人陪伴详细介绍，包括紧急出口、紧急设备等。

D. 着陆前应先行询问是否需要转机或专人护送至机场，以便事前通知。盲人或者持有医生证明的聋人乘客经航空公司同意可以携带导盲犬或助听犬乘机。导盲犬或助听犬连同其容器和食物，可免费运输而不计算在免费行李额内。带进客舱的导盲犬或助听犬，必须在上飞机前戴上口套和牵引绳索，并不得占用座位和让其任意跑动。装在货舱内运输的导盲犬或助听犬还要符合航空公司小动物托运相关规定。

（7）盲人

盲人乘客的服务特点：

A. 有成人陪伴的盲人乘客，其陪伴人员需为满18周岁的正常成年人，在一个航班上其数量不受限制。

B. 无成人陪伴的盲人乘客，一个航班上只能有一名带导盲犬的盲人和两名不带导盲犬的盲人。

C. 盲人乘客一般能自己独立行走，有自理能力，进食不需要别人帮助。

盲人乘客的服务要求：

A. 迎客上机时：乘务员主动上前作自我介绍，搀扶客人，为其找座位。

B. 就座后的服务：

a. 帮助其安放好行李物品；

b. 帮助系好安全带并介绍解开的方法；

c. 介绍紧急设备的方向、位置及使用方法；

d. 带其触摸服务设备的位置，并教会使用方法；

e. 如带有导盲犬，将其放在盲人座位的前面，导盲犬的头向着过道。

C. 飞行中的服务：

供应餐食时，将餐盘比作时钟，把食物的位置告诉盲人乘客；必要时，可带盲人乘客触摸一下；乘务长指定专人在飞行中对其照料。

D. 下机时：送盲人乘客下机。

（8）轮椅乘客的服务

A. 轮椅乘客的轮椅一般托运，可折叠的轮椅可以放在客舱中。

B. 每一航班、每一航段只限 2 名轮椅乘客。

C. 飞行中乘务长指定专人照料。

D. 轮椅乘客先于其他乘客上机，后于其他乘客下机。

（五）囚犯

主要避免引起其他乘客恐慌，预防囚犯对飞行安全造成威胁。因此空乘人员要特别沉着、冷静、不动声色。

处理须知：

A. 押送人员对于囚犯在航班航行途中的行为应当负完全责任。

B. 一名囚犯应最少有 2 名押送人员陪同。

C. 囚犯应坐在最后一排三人座位的中间，应当最先登机，最后下机。

D. 押送人员不得随身携带武器。

E. 在整个航行中，押送人员应当将囚犯戴上手铐，并适当伪装。

F. 航行中不得为囚犯提供金属器皿。

G. 交给囚犯的任何东西应当先经押送人员认可。

（六）初乘乘客

初次乘飞机的旅客一般来说较好奇、紧张，对飞机上设备、环境十分感兴趣，充满好奇心。空乘人员应主动耐心地为他们介绍本次航班的情况，如机型、飞行高度、乘机注意事项、提供的服务等，绝对不能流露出任何嘲笑情绪，以免其产生自卑心理；同时，空乘人员还应通过亲切交谈来分散他们紧张的心情，使他们感到乘飞机是安全的。

# 第五节　冲突与投诉化解的技巧

**典型个案**

## 鱼和熊掌兼而得之——谈客舱的安全管理与满意服务

某日，一旅客王某持某航空公司经济舱客票，乘坐由武汉飞往杭州的航班。起飞后，王某走向头等舱欲使用前洗手间时，被坐在4排的安全员发现并劝阻，告之飞机前部的洗手间按规定只能供给头等舱旅客使用。王某提出要看规定，当安全员到前服务间取规定时，王某尾随进去开洗手间的门。安全员随即将王某叫住并将规定交给他看。王某看过后要求灵活些，给予照顾，安全员不同意，双方发生了争吵，另一安全员闻讯也来劝阻。王某不肯罢休，称要投诉，并伸手去抓安全员佩戴在胸前的证件，被安全员按在座位上，王某不服，反复几次。后安全员报经机长同意，决定对王某实施管束。当安全员给王某戴手铐时，王某进行了反抗，安全员与机组其他人员一起将王某制服。事件稍平息后，安全员曾取出钥匙要为王某松手铐，王某没同意，直至下机，王某都未曾要求到洗手间。

到达杭州后，王某被带到机场公安分局接受询问，机场公安人员未对王某作出任何处罚。数月后，王某以安全员拿出的规定仅仅是机上广播词而非法律明确的禁止性规定，并以人身权和名誉权被侵害为由，向杭州市中级人民法院提出起诉，要求航空公司在全国性新闻媒体上赔礼道歉，赔偿精神损失和经济损失150万元，并承担全部诉讼费。一审判决旅客王某胜诉。

航空公司不服判决，向高级法院提出上诉，后浙江省高院经审后认为：王某理应只享受经济舱设备及服务，但其以方便为由，要求享受超标准的设备及服务，没有依据。擅自闯入头等舱洗手间被拦后不服从管理和劝阻，影响了机上正常秩序和威胁机上旅客的生命安全，其行为已构成《中华人民共和国民用航空安全保卫条例》第25条规定的"寻衅滋事"，属于《中华人民共和国民用航空法》规定的危及飞行安全的行为。安全员为了控制局面，确保飞行安全，有权在飞行中对王某实施临时管束措施。机长的行为也没有超出必要的限度，所以对王某实施管束措施不构成侵权。航空公司上诉有理，应给予支持，原判认定事实不清，适用法律不当，应予纠正。判决撤销中院的一审判决；一、二审案件受理费由王某承担。一例惊动业内的事件终于落下了帷幕。

★在服务工作中，往往会碰到一些安全与服务相抵触的问题，情与法之间将如何选择？在服务上让乘客得到满意，就必然违反了安全规定；一定按规定来执行吧，又会得罪人。介于这两个范畴之间，究竟是安全重要，还是乘客的满意重要？鱼和熊掌又能否兼得呢？就乘务员来说，掌握服务技能技巧，诚心为旅客服务，完成服务职责是应尽的义务。获得乘客的满意是自我价值的一种体现，而履行安全职责是第一职业道德，是"以人为本"之本，安全是一切工作的基础。

就航空公司来说，服务是创造价值的途径，满足乘客需求获取市场效益，这是一切经济活动的原始动力；而安全工作是所有工作的重中之重。安全是企业赖以生存和发展的物质根基。

就社会公众来说，飞行安全最重要，保证安全是消费者首要的生理、心理需求和消费前提，"出门在外，安全第一"说的就是这个道理。但其感受到的服务又是消费价值的体验，满意度的高低将是其期望值的反馈，愉快的旅行经历也会影响到其身心健康和今后对航空公司的选择。

所以，在工作中我们应该将满意服务与客舱安全有效结合，以安全为基础，用心去服务；当服务与安全发生冲突时，不注意沟通、生硬地将有关条规摆在旅客面前，就会引发乘客的不满而遭到投诉；但往后退一步，我们若注重乘客的合法权益，来个换位思考，灵活的解决问题，就能创造平和的客舱氛围，确保飞行安全。而这件强行占用头等舱洗手间的事情也大可不必沸沸扬扬地弄到如今的地步。乘务员可以礼貌耐心地向其说明缘由，赔礼道歉，甚至可以帮助带领其到后舱洗手间；或者乘客确实有难言之隐，在征得头等舱乘客的同意下，让其使用头等舱的洗手间也无妨。在这个客舱安全管理的边缘，就看乘务员能否掌握好这个尺度，有效的控制客舱局面，杜绝事态的恶性发展，避免将乘客问题升级为安全问题。

在平时，乘务员应注意提高综合素质，多学习民航法律法规，掌握安全管理的知识和技能，增强判断客舱冲突性质的能力。加强团队合作精神，培养和提高乘务员的沟通技巧，为乘客提供愉快、满意、安全的服务。

## 一、提高规劝能力和解决服务矛盾能力

在工作中，作为一名空乘人员要面对各种性格的人，需要处理不同性质的事，有时因为各种原因乘务员和乘客之间产生一些矛盾和误会是在所难免的。在飞机这种特殊的交通工具上，乘务员肩负的不止是一个职务，还是一种榜样，一种作为礼仪之邦的代表服务行业的先进典范。所以在矛盾产生时，如果不加以自控，冲突会愈演愈烈影响工作和伤害感情。乘务员该怎样控制好情绪呢？可尝试从以下几方面自我息怒：

1. 平心静气，不正面迎接对方的不良情绪

美国经营心理学家提出了能使人平心静气的三个法则。首先降低声音，继而放慢语速，最后胸部向前挺直。

降低声音，因为响亮的声音对自身的感情会产生催化作用，从而使已经冲动起来的表现更为强烈，造成不应有的后果；放慢语速，因为个人感情一旦掺入，语速就会随之变快，带来说话声音高，容易引起冲动；胸部向前挺直，因为情绪激动、语调激烈的人通常都是胸前倾，而当身体前倾时，就会使自己的脸接近对方，这种讲话姿态将人为地造成紧张局面，一旦胸部挺直，就会淡化紧张的气氛。

飞行中常常会遇见这样一种乘客。他是男士，身体强壮。他来到你面前，放下一件拉杆箱说："你给我放上去。"如果乘务员迟疑了一下，他立即就会面带怒色。有的乘务员对这位男士的做法感到不愉快，心想：你是男士，力气比我大，身材比我高，还要求我放这件行李。男士的表现是显得不太绅士，可是服务工作不是要求我们去教育乘客应

该怎么做。当乘客的做法令人不太愉快时，切记不要正面迎接对方的不良情绪，否则将会把一件小事扩大成矛盾。此时，乘务员一定要平心静气采取以下方法处理这件行李。乘务员可以语气温和的对男士说："先生，我们一起把这件行李放上去吧。"如果男士置之不理或者直接拒绝了你，请礼貌的对男士说："请稍等一下，我去找人来帮我。"这时乘务员可以找到机上其他乘务员帮忙。也许，这件行李并不重，但两个乘务员共同举一件拉杆箱显得要文雅一些。在处理这件事情的过程中，乘务员不要表面平和内心起伏，平心静气的态度可将矛盾在温和的气氛中化解，或者说避开。至于男士的做法是否有问题，那不是我们关心的事。学会和不同的客人交往，尽量用自己的修养为多数需要良好环境的乘客营造宽松的氛围是我们的职责。当冲突发生时，在内心估计一下后果，想一下自己的责任，就一定能控制住自己的心境，缓解紧张的气氛。

2. 闭口倾听

如果发生了争吵，切忌免开尊口。先听听别人的，让别人把话说完。要尽量做到虚心诚恳，通情达理。当别人的想法你不能苟同，而一时又觉得自己很难说服对方时，闭口倾听，会使对方意识到，听话的人对他的观点感兴趣，这样不仅压住了自己的"气头"，同时有利于削弱和避开对方的"气头"。待"风平浪静"后，再来论理，可以避免双方大伤感情，往往能收到理想的结果。

**小资料**

记得有一次，航班延误2个小时。乘客登机后由于机场流量过大，我们的航班还需要等待约2个小时的航空管制。部分乘客终于如我们预期的那样愤怒了。一架装有127人的737飞机上，有大约七八个乘客在怒吼。针对航班延误问题，这些乘客还将其他的不满一并朝乘务员爆发。后舱的3名乘务员多次给正在F舱乘客服务的我（我是当班乘务长）打来电话，要求我去后舱看看。我走出F舱，三名乘务员都在客舱中解答乘客问题。可是航空管制原因不是机组可以掌握的，在这时不停地强调原因很难得到乘客的满意。我将乘务员召集到后舱开了个小会，要求大家沉住气，顶住压力，从现在开始由我一人出去回答乘客问题，其他乘务员都进客舱进行送水、发报纸、打开通风气孔的细微服务。我们重新回到客舱，乘客的问题依然很多，我主要采取倾听的办法与乘客交流。其他乘务员忙碌的送水，虽然也很忙，但客舱秩序明显转好。

通过实际的服务工作和倾听的方法向乘客传递我们友好的态度，避免了为解释不清的问题与乘客发生正面冲突，"躲"过了乘客的气头，缓解了客舱气氛。事后，还有乘客为我们留下了表扬信。

3. 交换角色

卡内基·梅伦大学的商学教授罗伯特·凯利，在加利福尼亚州某电脑公司遇到一位程序设计员和他上司就某一个软件的价值问题发生争执时，建议他们互相站在对方的立场来争辩，结果五分钟后，双方便认清了彼此的表现多么可笑，大家都笑了起来，很快找出了解决办法。在人与人之间的意见沟通过程中，心理因素起着重要的作用，人们都希望只有自己是对的，对方必须接受自己的意见才行。由于人们在组织内和生活中所处的角色不同，在处理问题时，往往由于考虑的角度和立场不同而意见不一。如果双方都坚持己见而不能理智地考虑对方意见时，很容易引起冲突。如果双方在意见交流时，能够交换角色而设身处地的想一想，就会在比较中了解彼此的动机和目的，就会意识到自己的意见是否正确，是否应该被对方接受，就能避免双方大动肝火。

"忍得一时气，免得百日忧"，合理的让步不仅对事情大有益处，也会赢得客人的尊重。退后一步，天地自宽。

**小建议**

### 平息乘客愤怒的禁止法则

立刻与乘客摆道理；　　　　　　　　改变话题；

急于作出结论；　　　　　　　　　　一味地道歉；

挑乘客的毛病；　　　　　　　　　　对乘客说，这事经常发生，令乘客感到不

过多使用专门术语；　　　　　　　　诚心。

## 二、常见难题处理——航班延误

◆航班延误的原因

影响航班正常的原因很多，而且又多是不以人的意志为转移的客观因素。具体说，它涉及天气、流量控制、工程机务、运输服务、飞机周转、来程晚到、安全检查、油料供应、航材保障、机场设施等21个方面，其中以天气、流量控制、工程机务、运力调配影响航班正常所占比例最大。

第一，天气原因。

影响航班正常最大的因素是天气原因，如果地面导航设备再跟不上，必然会大量延误航班。要解决这个问题必须先从基础设施抓起。目前全国105个机场按二类盲降标准运行的还没有，首都、虹桥机场虽已装上航行、气象二类盲降设备，但因自动切换电源、飞行员驾驶技术以及机场的其他配套条件不具备而未能使用。有一类盲降设备按一类标准运行的只有52个，还有53个机场迄今没有盲降设备；有气象自动观测设备的机场只有9个。

第二，流量控制原因。

这个问题既有主观原因又有客观原因。从主观上看，一是作航班计划时，计划外增加的航班超过了按目前空中交通管制规定所允许通过的最大飞行流量。如北京每周有51个小时时间段超过了饱和量，周六有9个小时时间段超过了规定的最大飞行流量。二是过多地安排了临时加班、包机飞行，超过了可通过的最大飞行量。三是某些高空管制区和管制区扇面的划分不合理。由于一个高空区内有的分了扇面，有的却没有分，造成飞行流量的增容。从客观上看，主要是航路少、机场终端区进出口少、高度层少。

第三，机械故障原因。

除了机务维修人员工作出现失误和差错，对重复性故障没有认真及时组织排除外，航材供应不及时，航班安排得太满，没有足够时间完成定检也是导致机械故障影响航班

正常的重要原因。

第四，运力调配原因。

主要是航空公司在安排航班计划时，没有留足备份运力，往往是将备份运力安排临时加班、包机，一旦遇到航班不正常，尤其是不正常航班较多时，运力调配困难，甚至没有备份飞机替代。

第五，乘客自身原因。

造成航班延误的原因多种多样，值得重视的是，一些人为因素已成为造成航班延误的"新的增长点"。据统计，因乘客原因导致的航班延误占不正常航班的3%，和因飞机故障造成的延误数量相差无几。

常见的情形有：乘客晚到，在航班办理登机手续截止时间之后才赶到；通知上飞机时乘客不辞而别，尤其是直达乘客在飞机经停机场走了；一些常坐飞机的乘客，在通知登机后，往往拖到飞机起飞时间到了才登机；乘客办完乘机手续后到候机楼内购物、看书、打电话、用餐，不注意听登机广播；国际中转航班在办理出入境手续时由于乘客证件等问题，耽误时间；乘客因航班延误等其他服务问题拒绝登机等过激行为等等。

此外，由于油料供应不足或加油车出勤不及时，运输服务工作出现差错等原因，使乘客不能按时登机等，也是造成航班延误的原因。

（二）航班延误，服务不延误

航班延误本来是空中乘务之外的因素，但会影响到空乘服务的质量。虽然在餐食问题上，航空公司会周全地考虑旅客需要，但仍不能让每一个旅客都满意，旅客会从消费者的权益角度看待公司的服务承诺，如不能满足，必然会引起不满，引发服务失误。

由于随机因素，特别是不可抗力造成的服务失误是不可控因素，所以航空公司服务补救的重点不在服务结果的改进上，而应该在如何及时、准确地将服务失误的原因等信息传递给旅客，并从功能质量上予以有效的"补偿"。

中国民航协会2002年的一项专家调查表明，航班不正常时乘客的需求排序是：将航班延误的信息及时通知乘客，占47.8%；航空公司及其代理人及时妥善安排好乘客，占34.8%；对因不可抗力的航班延误，航空公司作出安排后，可以合理收费，占9.4%；对少数违反《民用航空法》的滋事者作出处理，占8.0%。

乘客最难以忍受的是服务提供者在航班延误后所提供的信息不及时，不详细，难以让消费者信服和理解；对乘客提供的饮食服务程序不透明，消费者不知道多长时间才能获得餐饮服务，也不了解所提供的饮食食品的数量有多少；在延误时间较长的情况下，航空公司和机场没有及时告知乘客享有的退票、转签、由经营者安排食宿等服务的选择权；对由于航班延误给乘客造成的各种损失及种种不便，航空公司和机场未能向乘客表示歉意，也未能明确告知乘客在什么样的情况下他们有权获得相应的赔偿。

从乘客的角度来看，最有效的补救就是当发生了失误后，一线空乘服务人员能够立即采取补救措施。有时，可能乘客需要的仅仅是一句真诚的道歉或者关于某一问题的合理解释而已，这些并不需要一线空乘服务人员一级一级向上级请示。因为乘客最害怕的就是无休止的等待，更不愿意被人从某个部门或某个人推给另一个部门或另一个人。因此最容易接触到乘客的一线空乘服务人员应该成为及时处理乘客投诉的一支重要力量。

让我们通过以下几个案例的分析，思考一下一线空乘服务人员如何尽量做到"航班延误，服务不延误"。

**个案**

## 我的飞行日记

写这篇日记的时候，我已经疲惫不堪，包括精神和身体上的。2005年5月31日与6月1日，是让我难以从记忆中抹去的，回想起过去的24个小时里所发生的事情，真的让我重新认识了"空中乘务员"这份职业的特殊性。

5月31日，大连的天气预报说大连今天有雷阵雨。我们一早五点钟就开始准备执飞大连经重庆至昆明的CZ6425/6往返航班，因为是旅游城市间的航线，旅客数量自然不会少，回到大连已近傍晚时分，一天的飞行工作结束后自己与乘务组全体同事一样全身肌肉酸痛，疲劳至极。正当我们提着飞行箱庆幸没有遇到天气预报说的雷雨天气而正点回港时，却发现没有机组车像往常一样在飞机下面等候我们。通过公司SOC乘务排班调度通知，因北京天气原因造成从大连飞抵北京的航班全部延误，我们将继续执飞一班大连至北京的航班。机组与乘务组没有一个人有怨言，再次回到飞机上为这一航段开始准备工作。近五小时后北京天气好转可以达到飞行标准，早已因等待时间过长接近崩溃边缘的乘客开始登机了。

乘客登机完毕，可是好久也未见飞机有起飞的迹象。时针已经指向了2005年6月1日凌晨一点。客舱广播里传来了乘务长的声音："女士们，先生们：我们很抱歉的通知大家，由于大连周水子国际机场上空雷雨覆盖，天气不够飞行标准，因此我们决定取消今天的飞行……"客舱里顿时"炸"开了，但好在经过地面服务人员与乘客们及时协商，他们全部下机到候机室休息等候通知。正当我们全体空勤准备去宾馆休息时，有很多乘客返回飞机，把

我们堵在舱门口。地面人员与机长说附近的宾馆全部满员，根本没有地方可以安排乘客休息，他们正在尽快的联系可以休息的宾馆，所以乘客才出现了刚才的举动。又经过一小时的协商，返机的乘客才被请下飞机，看看表已经是凌晨三点钟，我们终于可以去休息了。

第二天上午九点，在不到五小时的休息后，我们准备执飞这班延误的航班。但到达首都机场后，得知大连雷阵雨天气还没有结束，起飞时间待定。我当时真的要崩溃了，但转念一想我们就是干这一行的，何况乘客也跟我们一样在这慢熬啊。又是近三小时的等待，乘客登机，准备起飞。可偏偏赶上流量控制，航线间隔，已是中午十二点了。180多位乘客加上我们，整个机舱犹如一个蒸笼，个别乘客开始出现头晕、恶心的状况，我们及时处理身体不适的乘客。乘务长突然想起乘客现在还饿着肚子，并请示机长与地面联系餐食，说好二十分钟后送到的餐食却等了近一小时后才送到。这期间我们全体乘务员把昨天配到机上的花生等小食品发给乘客充饥，并分发很多次饮料，乘务长也顾不上女性特有的矜持，一面不停的为乘客服务，一面掉着眼泪广播："各位乘客我们太理解你们了，非常感谢您们对我们机上全体乘务员工作的支持，这是本架飞机上仅存的一点点花生米，您们先充充饥，餐食一会就会送到……"我们两个男乘听到这些，眼睛也开始湿润了，为乘务长送去了毛巾。当食品公司人员把餐食送来时，乘务长跑过去大声谴责他们："你们说好二十分钟后送到，却让大家等了一个小时，你看看表这都什么时候了，知道不知道全体乘客已

经快十个小时没吃东西了，你们也太不守信用了……"乘客用餐的时候，我们五名客舱乘务员站到自己的号位上，伴着乘务长的广播声音，再次向全体乘客进行道歉。

已近下午三点，机长通知大家飞机马上起飞，我们很快收拾好乘客用过的餐盒、水杯，做好起飞的准备。飞机起飞后，乘务长与头等舱乘务员忙完自己的工作后，到后面来帮我们为乘客服务。很多乘客不想再麻烦我们为他们服务了，并不时的对我们说："你们辛苦了！""快歇歇吧，你们还没有吃饭呢。""小伙子，快别忙了，去坐会吧。"……

当飞机稳稳的降落在大连周水子国际机场的跑道上，我们的这次航班任务终于胜利完成了。送走了乘客，下了飞机，坐到机组车里，才感觉到我们已经一整天没吃没喝了，饥饿感、疲劳感、困倦感淹没了一切！"既然选择了蓝天，就勇敢的去飞吧，不必畏惧风雨的洗礼，也不用担心羽毛未齐的幼翼，用我的努力在天空中架设一道七色彩虹，谱写人生绚丽篇章。"虽然这样的事情在今后的飞行中肯定还会不止一次的遇到，但我始终信奉这句自勉的话语。既然选择就要无悔，既然无悔就要做到最好！

★在以上的案例中，飞机起飞时间一再延误，乘客由开始的冲动，占飞机，堵空乘，到最后向空乘人员道谢，充分体现出了空乘人员良好的职业素养、主动合作的团队意识、体谅乘客的换位思考意识，把因航班延误使乘客产生的对航空公司的不满降到了最低点。

首先，接到航班延误的调度通知，机组与乘务组没有一个人有怨言，再次回到飞机上为这一航段开始准备工作。

其次，空乘人员第三次接到航班延误的调度通知时，"要崩溃了，但转念一想我们就是干这一行的，何况乘客也跟我们一样在这慢熬啊。"在近三小时的等待中，积极主动照顾身体不适的乘客，与地面联系餐食，让顾客感受到航空公司正在积极解决问题。

第三，乘客用餐的时候，五名客舱乘务员站到自己的号位上，伴着乘务长的广播声音，再次向全体乘客进行道歉，使乘客感受到航空公司真诚的歉意。

个案

### 航班延误时我们该怎么做？积极面对耐心服务

记得还是乘务学员时，就经常听见师姐们在议论：飞航班时最怕遇见航班延误，不仅大大增加了乘务员的工作量，而且要承受来自乘客诸多的不理解和抱怨。幸运的是在我带飞八班的航班中，一切都很顺利，没有航班延误，没有乘客抱怨。但是，我一直在隐隐不安，如果航班延误，需要我直面乘客的愤怒、抱怨时，我会怎么做？我又该怎么做？

在最后一班带飞时我终于忍不住把自己的

不安向教员和盘托出，她微笑着告诉我，在那时不要把自己当做乘务员，而是当做乘客的朋友、同行人，从乘客的角度去体会他们的感受，这样你会更理解他们，也会更真心地为他们做些什么。当乘客们满怀兴奋登上飞机时，突然被告知由于种种原因需要漫长的等待，相信没有几位乘客不会生气、不会抱怨，这种心情可以理解，甚至有些乘客会有过激行为，在这个时刻，乘务员要做的就是在保障航空器安全的前提下，为乘客提供优质细腻的服务，缓解乘客激动的情绪。当乘客怒火中烧时，乘务员面带微笑，递上一杯可口的饮料，也许他们的怒气会减少一半；当乘客喋喋不休、不断抱怨时，乘务员耐心的倾听、诚恳的解释，也许他们也会理解我们；当乘客们不肯下机、无理取闹时，乘务员从乘客的角度主动帮他们做些什么，也许他们会被我们的真情打动。

听完教员的解答，我似乎明白了许多。航班延误，是大家都不想遇到的，可是当我们遇到了，乘客激动的情绪我们无法回避，只能积极面对，用耐心的服务，用真诚的微笑去赢得乘客的理解。

记得一次飞航班，由于天气原因，飞机起飞时间待定，机长决定让乘客带上行李下机休息。刚开始乘客还很配合，可是在个别乘客的煽动下，大家都不下机了，提出如果要下机就不拿行李。面对困难，我们每个乘务员都没有逃避，大家积极想办法，主动帮助乘客把行李拿下飞机，一件，两件……我们累得满头大汗，乘客被我们感动了，纷纷拿了自己的行李下了飞机。下机时还对我们说："其实你们也不容易，我不怪你们。"终于，所有的乘客理解了我们。

通过这次航班延误，我真正理解了教员所说的：只有用真心才能得到乘客的理解，只有用热情优质的服务，我们与乘客的距离才能缩到最短。我们愿意以最饱满的精神面貌迎接任何挑战。

★在以上的资料中，带飞教员的解答方法非常有代表性，可以说是面对航班延误时的积极应对方法。

首先，换位思考。不要把自己当做乘务员，而是当做乘客的朋友、同行人，从乘客的角度去体会他们的感受，这样你会更理解他们，也会更真心地为他们服务，当然也会把乘客的敌对情绪降低到最低点。

其次，乘务员要做的就是在保障航空器安全的前提下，为乘客提供优质细腻的服务，缓解乘客激动的情绪，用我们耐心的服务，用我们真诚的微笑去赢得乘客的理解。

第三，也是最重要的一点，只有用真心才能得到乘客的理解，只有用热情优质的服务，我们与乘客的距离才能缩到最短。

**个案**

### 乘务员巧妙化解航班延误矛盾

3月9日，由武汉飞往深圳的某次航班由于深圳雷雨天气备降到了桂林两江机场。为了能再次及时起飞，当地机场要求乘客不下飞机在客舱内等待。客舱狭小，加之满载着乘客，舱内立即变得非常憋闷。有些乘客按捺不住着急的心情，开始抱怨起来。见此情况，经验丰富的乘务长王丽预计等待的时间不会很短，如果让乘客单调无聊地等下去，可能会因情绪不佳引发矛盾。这时她灵机一动，立即召集机上所有乘务员开会，希望通过和乘客良好的沟通化解矛盾，乘务员们积极响应乘务长的号召，为这个航班的特殊服务出谋划策。

随后，乘务长带领组员们尝试着用更人性化更互动的方式与乘客们进行沟通，真诚主动地关注乘客的感受和需求。首先，乘务组真诚面对乘客，如实地告知乘客航班备降原因及等待时间，回答每位乘客的问题。乘务长特意打破常规，用平实、通俗的语言如拉家常一样的向乘客及时的通报最近的信息，解释延误原因。此举立刻拉近了乘务组和乘客之间的距离，更赢得乘客的理解。而后，乘务组即兴在机上开展了一个小活动，请乘客品尝乘务员调制的"鸡尾酒饮料"，并猜出是由哪几种果汁混合而成的。乘客表现出极大的兴趣和参与的热情，枯燥无聊的等待立刻变得精彩纷呈，有单独品尝的，也有和朋友、家人一起喝一起猜的。获得奖品的乘客还兴致勃勃的表演了小节目。漫长的等待时间就在一片欢声笑语中悄悄溜走了。当乘务长广播还有5分钟飞机就起飞时，乘客才意识到他们在飞机上等了近3小时。

当乘务组向乘客们表达真诚的谢意时，客舱里早已是掌声一片！

★在以上的案例中，服务创新使最麻烦的航班延误变得轻松和充满人情味，没有了以往乘客与空乘人员的剑拔弩张和敌对的火药味。乘务组即兴请乘客品尝乘务员调制的"鸡尾酒饮料"活动转移了乘客因为航班延误和枯燥无聊的等待而产生的不满情绪，不失为服务创新的一个典范。

同时，换位思考以及在保障航空器安全的前提下，为乘客提供优质细腻的服务，缓解乘客激动的情绪，用耐心的服务，用真诚的微笑去赢得乘客的理解等原则。

其实航班延误并不可怕，只要积极面对耐心服务，问题就会迎刃而解。

**小资料**

### 不正常航班服务口诀

航班迟，心焦急，莫将双眉中间挤；寻原因，问时间，信息沟通当迅即；

先广播，讲事由，真诚致歉把怒息；发报纸，放录像，分散注意是妙计；

时间长，没关系，送水送餐降火气；老年人，小朋友，特殊乘客要熟悉；

勤巡视，多留意，安全监控要警惕；乘客疑，巧应答，耐心解释不要急；

客有难，尽全力，切莫满口承诺；遇抱怨，多倾听，微笑理解要切记。

### 三、乘客遗失物品

1. 处理须知

（1）在乘客离机后，或在乘客登机前，乘务员在客舱见到任何有价值的物品，应当马上报告主任乘务长，并由乘务长进行查看，届时应两人在场，将遗失物品做好记录。

（2）主任乘务长填写乘客遗失的物品登记表。

（3）如果在机上乘客提出丢失了贵重物品，主任乘务长要将丢失的物品了解清楚，并帮助寻找。

2. 机上发生偷窃

（1）如果在机上发生偷窃，主任乘务长首先要证明是在机上发生，然后立即报告机长，将如下信息通知给即将抵达的航站：

丢失物品及其价值，偷窃是否在机上发生的，是否在有可能丢失的地方查找过，乘客到站后是否要报案。

（2）如果乘客要求报案，主任乘务长要对他们确认以下内容：

如果警方介入，可能会导致乘客不能按时下飞机。

如果失物确定为现金，那么找回的几率很小。

（3）在着陆前，由主任乘务长宣布由于失物乘客提出要求，已经向警方报案，因此请乘客在飞机着陆后坐在原位，乘务长要尽量让乘客了解这不是航空公司，而是应失主要求所采取的行动。

总之，乘务工作是一种心灵的艺术，需要我们用心灵去感受，去体验，记得曾有一位学者说过："不管你的工作是怎样的卑微，你都当付之以艺术家的精神，当有十二分热忱。这样你就会从平庸卑微的境况中解脱出来，不再有劳碌辛苦的感觉，你就能使你的工作成为乐趣。只有这样，你才能真心实意地善待每一位客户。"无论是牙牙学语的孩童，还是步履蹒跚的老人，只要上了我们的航班就是我们的客人，作为乘务员中的普通一员，都希望他们可以带着愉快的心情结束航程直到走下飞机，这就是对我们工作付出的最好回报，我们都是在通过自己真诚的服务，向乘客传达着我们航空公司的服务理念和企业文化，为乘客在白云深处营造一个温暖的家。

# 思考训练

## 一、基础练习

1. 客舱服务的基本服务内容有哪些？
2. 客舱礼仪服务有何作用？
3. 客舱服务的基本程序有哪些？
4. 头等舱和经济舱有何区别？
5. 头等舱和经济舱服务程序分别是什么？
6. 空乘服务人员可以从哪些方面来观察不同乘客的需求？

## 二、实例分析

**航班遇雷雨备降重庆　乘客飞机上"闷"一夜**

等待、睁眼、等待、闭眼……在这个风雨雷电交加的时刻，王小姐在飞机上度过了让她终身难忘的夜晚。

"我只付了两个多小时的机票钱，却坐了17个小时的飞机。"昨日下午2时许，王小姐苦笑着对来接机的男友说。原来，她乘坐的航班由于雷雨天气，航班只好备降。但航空公司没有落实到住宿地方，王小姐一行数十人就这样"夜宿"客机。大约在晚上10时40分左右，机组人员告诉我们，因雷雨天气无法降落，只好迫降。"王小姐并没有在意，心想可能过几十分钟就可以起飞。可王小姐一等再等，"直到凌晨，有乘客才从机场方面知悉，我们的航班已经取消，当夜飞往成都已经不可能了。此时，机组人员不透露任何消息，也不透露任何处理进展。数十名乘客从前晚11点等到次日凌晨3点钟，才接到通知说可以去住宿处休息。"虽然大家都很气愤，但能睡上一会，大家也都心满意足了。"可大家刚走到舷梯口，就有人赶来说住不了，让所有人回飞机继续等待或者就坐在飞机座位上睡觉。"此时，"我们又累，又饿，又渴，他们既没有水提供，也没有食物。"王小姐称，当时飞机里面还有一位七十多岁的老人。

无奈之下，乘客们又只好回到了机舱中。但后来的事让王小姐实在忍无可忍了，"最可恶的是大约凌晨5点的时候，机组人员全部撤离飞机，并把空调关了，飞机里面又闷又热，外面只有舷梯，没有通道，天下大雨，数十人就只能困在这个没有空调的'罐子'里。"

王小姐介绍，航班共有数十名乘客，"分了四批送走，第一批国外团，凌晨两三点左右离开；第二批是到九寨沟的旅行团，早上9点离开；第三批中午11点钟离开。最后便是我们10个人，下午1点多才走。我们最后一批足足在飞机上干坐了14个小时。"

讨论

（1）此次航班延误，空乘服务人员的服务在哪些方面有不妥之处？

（2）作为空乘服务人员，在航班延误时应当如何面对乘客？

**三、实景体验**

1. 在即将起飞的波音737客机MU5813航班上，乘客正在登机。首先登机的是一位头发花白、年事已高的老婆婆；一位男性旅客坐在了紧急出口的座位；这时，一位抱着婴儿的妇女又登机了……

假设你是一名空乘服务人员，请4—8人一组模拟为登机乘客服务。

2. 在飞往北京的班机上，空姐正在依次为乘客分发报纸杂志，一位乘客向空姐要《北京青年报》，而此次航班上没有配备该报纸。

假设你是这名空乘服务人员，如何向该乘客解释才能最大限度降低乘客的不满情绪？

3. 这是一架从广州到郑州的航班，飞机飞到郑州上空时，机长获知由于郑州机场大雾必须备降洛阳机场，并用广播通知飞机上的乘客，安静的乘客突然间沸腾了，不停地有乘客按呼唤铃……乘务员走出客舱回答、安慰乘客。飞机备降在洛阳机场后，没有得到地面通知让乘客下机。由于没完没了地等待，抱怨的乘客越来越多……3个小时过去了，依然没有得到任何消息。有的乘客说冷，有的说热，有的说口渴，有的小乘客说饿……

假设你是这架航班上的空乘服务人员，请4—10人一组模拟为此次延误航班的乘客服务。

4. 在飞往广州的航班上，空乘服务人员正在为乘客分发饮料，一腿脚不便的老婆婆要上厕所，一男乘客很挑剔，一女乘客不小心打翻了饮料，一老大爷睡着了……

假设你是这架航班上的空乘服务人员，请4—8人一组模拟为乘客服务。

# 第四章　部分国家习俗及礼仪

## 部分国家习俗及礼仪常识

世界的文化是多元的，各国的交际礼仪也是异彩纷呈、绚丽多彩。民航是国际化程度较高的行业，其服务对象来自不同国家、不同民族、不同宗教信仰，有着不同的风俗习惯和礼仪要求。了解世界各国的交际礼仪，不仅是我们顺利地走出去、请进来的重要条件，也是对空乘服务工作的更高要求。

### 一、亚　洲

#### 日本

日本是我国"一衣带水"的邻邦，与我国交往频繁。自1972 年两国恢复邦交正常化以来，日本每年到中国来的游客近百万，已逐渐成为我国旅游业最重要的客源国之一。

在日语中，"日本"意为"日出之国""太阳升起的地方"。日本古称"和""大和"。公元 645 年将国名正式定为"日本国"。日本受我们中国传统文化的影响很深，至今还保留着浓厚的我国唐代的礼仪和风俗。

樱花为日本国花

#### 礼貌礼节

日本人在待人接物以及日常生活中十分讲究礼貌、注重礼节，还形成了某种礼仪规范。如在待人接物上谦恭有礼，说话常用自谦语，特别是妇女与人交谈时总是语气柔和、面带微笑、躬身相待。由于日本人上、下级之间，长辈、晚辈之间界限分得很清，因此凡对长者、上司、客人都用敬语说话，以示尊敬。日本人与人见面善行鞠躬礼，初次见面向对方鞠躬 90 度。日本人最常用的敬语有："拜托您了""请多多关照""打扰您了"等等。

在日本，初次见面时互递名片已是一种日常礼节，因此很讲究交换的方法和程序。通常应先由主人、身份较低者、年青人向客人、身份高者、年长者递送上自己的名片；递送时要用双手托着名片，把名字朝向对方以便方便阅读。还有一种方式是：用右手递送上自己的名片（名字也要朝向对方），用左手去接对方的名片。

日本的传统服装是和服。日本人重视仪表，认为衣着不整齐为不礼貌的行为。

**饮食习惯**

日本人吃菜喜清淡，忌油腻，爱吃鲜中带甜的菜。还爱吃牛肉、鸡蛋、清水大蟹、海带、精猪肉和豆腐等。但不喜爱吃羊肉和猪内脏。日本人喜欢喝酒，日本清酒、英国威士忌、法国白兰地和中国"茅台"等名酒都爱喝。日本人吃水果偏食瓜类，如西瓜、哈密瓜、白兰瓜等。

日本人的茶道已不是一种日常生活意义上的饮茶，而形成一种礼仪规范，它以"和、敬、清、寂"为精神，作为最高礼遇来款待远道而来的尊贵宾客。

**节日庆典**

日本的重要节日有：新年（1月1日），庆祝方式与中国差不多；成人节（1月15日），是满20周岁青年的节日；儿童节（但有男孩子和女孩子节之分），男孩子节也叫端午节，节日里凡有儿子的家庭，家门外要挂上各色大小不一的鲤鱼旗，大的鲤鱼旗代表大男孩，小的则代表小男孩，家里有几个男孩就挂上几面鲤鱼旗。女孩子节是每年3月3日，又称雏祭。日本还有樱花节，这个节日是从每年3月15日到4月15日。此外还有敬老节（9月15日）、文化节（11月3日）等等。

日本人喜爱白色，视白色为纯洁的象征，也喜欢黄色，视黄色为阳光的颜色，能给人喜悦和安全感。日本人还认为乌龟和鹤类是吉祥长寿的象征。他们对"7"特别有好感，认定它代表了光明、温暖和生命。

**喜好禁忌**

日本人忌讳很多。不喜欢紫色，认为这是悲伤的色调；最忌讳绿色，认为是不祥之色。他们忌"9""4"等数字，因"9"在日语中发音和"苦"相同，"4"的发音与"死"相同，不吉利，所以日本人住饭店或进餐厅，我们不要安排他们住4号楼、第4层或4号餐桌。若赠送给日本人的礼物件数为"9"，他们会误以为你把他们当强盗。忌三人并排合影，认为有"荷花出于污泥"之意。日本人寄信，忌倒贴邮票；他们也不喜欢狐狸和獾，认为狐狸代表贪婪和狡猾；獾代表狡诈。

日本商人忌2月和8月，因为这两个月是营业淡季。

**小知识**

日本人饮食上忌讳8种用筷子的方法，叫做"忌八筷"，即忌舔筷、迷筷、移筷、扫筷、抽筷、掏筷、跨筷和剔筷。同时，忌用同一双筷子给宴席上所有人夹取食物。

### 新加坡

新加坡在太平洋与印度洋之间的航运要道马六甲海峡的出入口，马来半岛的南面，有一个绿树成荫、花香飘溢、文明成风的小岛国，这就是世界闻名的"花园城市国家"——新加坡。在马来语中，新加坡是"狮子城"的意思。新加坡人口中有很大一部分是华裔新加坡人，其他为马来血统的人和印度血统的人等。

新加坡国花万代兰

### 礼貌礼节

新加坡人特别讲究卫生，在该国随地吐痰、扔废弃物者均要受到法律制裁。新加坡人特别讲究礼貌礼节，该国旅游业得以迅速发展的一个重要原因就是服务质量高，礼貌服务做得好。为发展旅游业，该国经常举办"礼貌运动"。华裔新加坡人在礼貌礼节方面不但与我国非常相近，而且保留了许多中国古代遗风，如两人相见时要相互作揖等。通常的见面礼是鞠躬或轻轻握手。来华的旅游者中，不少人汉语水平很高，使用汉语礼貌用语很娴熟。

### 饮食习惯

新加坡人的主食为米饭、包子，但不喜欢吃馒头；副食为鱼虾，如炒鱼片、油炸鱼、炒虾仁等。不信佛教的人爱吃咖喱牛肉。吃水果爱吃桃子、荔枝、梨。下午爱吃点心，早点喜用西餐。偏爱中国广东菜。马来人大部分是穆斯林，他们不吃猪肉和贝壳类动物，禁止饮酒及含有酒精的其他饮料。

佳肴让你很有食欲吧

### 节日庆典

华裔新加坡人过春节时，有孩子守岁、大人祭神祭祖、放鞭炮、长辈给孩子压岁钱、走亲访友、迎神、演戏、赶庙会、举行灯会等等风俗习惯，和中国唐代、宋代过春节时一样。该国把每年4月17日食品节定为全国法定节，节日来临时，食品店准备许多精美食品，国人不分贫富，都要购买各种食品合家团聚或邀请亲友，以示祝贺。

美丽的"狮城"

### 喜好禁忌

新加坡人禁说"恭喜发财"，他们认为发财两字有"横财"之意，而"横财"就是不义之财。因此祝愿对方"发财"，无异于煽动他们去损人肥己。忌讳有人口吐脏言，哪怕是舞台演出中出现的正面批驳的脏言，都会对下一代产生坏的影响。

新加坡人视紫色、黑色为不吉利。黑白黄为禁忌色。新加坡人忌"7"字，认为"7"字是个消极的数字。他们不喜欢乌龟，认为这是不祥的动物，给人以色情和侮辱的印象。他们忌讳用脚开门或移动物体。

许多家庭忌讳客人进屋不脱鞋。忌大年初一扫地，他们认为这一天扫地会把好运气扫走的。在交谈时，要避免涉及宗教、种族与政治的话题。

让我们共度喜庆的新年

### 泰国

泰王国位于亚洲东南部，地处中南半岛的中南部，有"白象之国""黄衣国""千佛国"的尊称。泰国盛产大象，而且特别珍视稀有的白象，泰国人认为白象是圣物和佛的化身。泰国的国花是睡莲。

泰国的国兽：大象

#### 礼貌礼节

泰国人的常用礼节是"合十礼"。朋友相见，双手合十，稍稍低头，互相问好。晚辈向长辈行礼，双手合十举过前额，长辈要回礼以表示接受对方的行礼。年纪大或地位高的人还礼时双手可不过胸。行礼时双手举得越高表示越尊敬对方。泰国人也行跪拜礼，但要在特定场合，如拜见国王时就要行跪拜礼。

泰国人进寺庙烧香拜佛或参观时，必须衣冠整洁；若在庙堂中赤胸露背，衣冠不整洁，会被认为玷污了圣地，对神佛失敬。走进大殿时，每个人必须脱下鞋子方可进去。

在泰国，给长者递东西必须用双手。一般人递东西都用右手，因为他们认为左手不洁。传递物品时不能把东西扔过去，这样做是不礼貌的行为，不得已这样做了要说声"对不起"。别人坐着时，不可把物品越过他的头顶；从坐着的人身边经过时，要略微躬身以示礼貌。

#### 饮食习惯

泰国人的饮食习惯与我国的南方一些省份有相近之处。泰国人主食为大米，副食是蔬菜和鱼。他们喜欢吃辣味食品，在餐前有先喝一大杯冰水的习惯。泰国人还爱吃鱼露，不爱吃牛肉及红烧食品，食物中不习惯放糖。至于饮料，泰国人爱喝白兰地和苏打水，也喝啤酒、咖啡；饮红茶时爱吃小点心和小蛋糕。饭后喜欢吃鸭梨、苹果等水果，但不吃香蕉。

#### 节日庆典

主要节日有元旦，又称佛历元旦，庆祝非常隆重；水灯节，又称佛兄节（泰历12月15日）；送干节，也叫求雨节（每年3月至5月）；每年5月泰国宫廷还举行春耕礼，这是由国王亲自主持的泰国宫廷大典之一。

#### 喜好禁忌

泰国人特别崇敬佛和国王，因此不能与他们或当着他们的面议论佛和国王。泰国人最忌他人触摸自己的头部，因为他们认为头是智慧所在，是宝贵的。小孩子更是绝不可触摸大人的头部。若打了小孩子的头，他们就认为孩子一定会生病。泰国人睡觉忌讳头向西方，忌用红笔签名，因为头朝西和用红笔签名都意味着死亡。忌脚底向人和在别人面前盘腿而坐，忌用脚把东西踢给别人，也忌用脚踢门。就座时，泰国人忌跷腿，妇女就坐时双腿要并拢，否则会被认为无教养。在泰国，男女仍然遵守授受不亲的戒律，故不可在泰国人面前表现出男女过于亲近。当着泰国人的面，最好不要踩门槛，因为他们认为门槛下住着神灵。在泰国所有的佛像都是神圣的，未经许可不能拍照。

泰国人忌讳褐色，而喜欢红色、黄色。他们习惯用颜色来表示不同的日期。如星期日为红色，星期一为黄色，星期二为粉红色，星期三为绿色，星期四为橙色，星期五为淡蓝色，星期六为紫红色。在泰国，人们忌讳狗的图案。

## 二、欧　洲

### 德国

德国位于欧洲中部，面积 35.7 万平方公里。德国人民生活水平颇高、有薪假期长，公民出国旅游十分普遍。该国的旅游业也很发达，有不少吸引游客的文物古迹和游乐设施。

德国的国语为德语。国花为矢车菊。国鸟为白鹤。国石为琥珀。

德国人好清洁，纪律性强，在礼节上讲究形式，约会讲准时。在宴会上，一般男子要坐在妇女和职位高的人的左侧。女士离开和返回饭桌时，男子要站起来以示礼貌。请德国人进餐，事前必须安排好。德国人不喜欢别人直呼

贝多芬（1770－1827）是世界最著名的德国音乐家

其名，而要称头衔，接电话要首先告诉对方你的姓名。与德国人交谈，可谈有关德国的事及个人业余爱好和体育，如足球之类的运动；但不要谈篮球、垒球和美式橄榄球运动。

### 饮食习惯

德国人早餐比较简单，一般只吃面包，喝咖啡。午餐是他们的主餐，主食一般是面包、蛋糕，也吃面条和米饭；副食喜欢吃瘦猪肉、牛肉、鸡蛋、土豆、鸡鸭、野味，不大喜欢吃鱼虾等海味，也不爱吃油腻、过辣的菜肴，口味喜清淡、甜酸。晚餐一般吃冷餐。爱吃各种水果及甜点心、饮料，德国人以啤酒为主，也爱喝葡萄酒。此外德国人在外聚在一起吃饭，在事先未讲明的情况下，要各自掏钱。

美酒与美食总是相得益彰

**节日庆典**

除传统的宗教节日外，最主要的节日是举世闻名的慕尼黑啤酒节，该节从每年9月最后一周到10月第一周，要连续过半个月，热闹非凡，节日期间所喝的啤酒可汇集成河。德国科隆的狂欢节从每年11月11日11时11分开始，要持续数十天，到来年复活节前40天才算过完。复活节前一周的星期四是妇女节。妇女们这一天不但可以坐上市长的椅子，还可以拿着剪刀在大街上公然剪下男子的领带。

**喜好禁忌**

除宗教禁忌外，德国人对颜色禁忌较多，茶色、红色、深蓝色他们都忌讳；他们还忌吃核桃，认为核桃是不祥之物。对蔷薇、菊花也很忌讳，认为这些花是为悼念亡者所用的。也不喜欢客人随便送玫瑰花，因玫瑰花在德国人心目中代表浪漫风流。他们还认为郁金香"毫无感情"。

他们还忌讳在公共场合窃窃私语（夫妻和恋人除外），因为这容易引起他人的疑心。不喜欢他人过问自己的年龄、工资、信仰、婚姻状况等，因为这些都涉及个人隐私，别人无权打听。

**英国**

英国国名全称为大不列颠及北爱尔兰联合王国，位于欧洲北部，面积为24.41万平方公里。英国人主要由英格兰人、苏格兰人、威尔士人和北爱尔兰人组成。

国花为玫瑰，国鸟为红胸鸲，国石为钻石。

**礼貌礼节**

英国人重视礼节和自我修养，所以也注重别人对自己是否有礼，重视行礼时的礼节程序。他们很少在公共场合表露自己的感情。

英国格林尼治皇家天文台

英国人，特别是年长的英国人，喜欢别人称他们的世袭头衔或荣誉头衔，至少要用先生、夫人、阁下等称呼。见面时初次相识的人行握手礼。在大庭广众之下，他们一般不行拥抱礼，男女在公共场合不手拉手走路。他们安排时间讲究准确，而且照章办事。若请英国人吃饭，必须提前通知，不可临时匆匆邀请。英国人若请你到家赴宴，你可以晚去一会，但不可早到。若早到，有可能主人还没有准备好，导致失礼。

英国人较注意服饰打扮，什么场合穿什么衣服都有讲究。下班后，英国人不谈公事，特别讨厌就餐时谈公事，也不喜欢邀请有公事交往的人来自己家中吃饭。在宴会上若英国人当主人，他可能先为女子敬酒，敬酒之后客人才能吸烟、喝酒。

当着英国人面要吸烟时，要先礼让一下。

英国人特别欣赏自己的绅士风度，认为这种风度是他们的骄傲。他们不喜欢别人问及有关个人生活的问题，如职业、收入、婚姻等。就是上厕所，也不直接说，而代之以"我想洗手"等，提醒别人时也说："你想洗手吗?""女士优先"在英国比世界其他国家都明显，我们接待英国妇女时必须充分尊重她们。

对英国人表示胜利的手势"V"时，一定要注意手心对着对方，否则会招致不满。和英国人闲谈最好谈天气等，不要谈论政治、宗教和有关皇室的小道消息。安排英国客人的住房时，要注意他们喜欢住大房间并愿独住的特点。

**饮食习惯**

英国人饮食没有什么特别的禁忌，只是口味喜清淡酥香，不爱辣味。有些比较讲究的英国人一日四餐：早餐丰盛，午餐较简单，晚餐最讲究。英国人做菜不爱放酒，调味品放在餐桌上，任进餐者调味。用餐讲究座次、服饰、方式。

英国人每餐都喜欢吃水果，晚餐还喜欢喝咖啡。夏天爱吃各种果冻和冰淇淋，冬天则爱吃蒸的布丁。

英国人爱喝茶，倒茶前，要先往杯子里倒入冷牛奶，加点糖，若先倒茶后再倒奶会被认为无教养。他们常饮葡萄酒和冰过的威士忌苏打水，也有的喝啤酒，一般不饮烈性酒。

**节日庆典**

英国除了宗教节日外还有不少全国性和地方性节日。

在全国性节日中，国庆和新年之夜是最热闹的。英国国庆按历史惯例定在英王生日那一天。新年之夜家家全家围坐，聚餐饮酒，唱辞岁歌辞旧迎新。英格兰的新年礼物是煤块，拜亲访友时进门要把煤块放入主人家的炉子内，并说："祝你家的煤长燃不熄。"

**喜好禁忌**

英国人认为13和星期五是不吉利的，尤其是13日与星期五相遇更忌讳，这个时候，许多人宁愿整天待在家里不出门。英国人对数字除忌"13"外，还忌"3"，特别忌用打火机或火柴为他们点三支烟。一根火柴点燃第二支烟后应及时熄灭，再用第二根火柴点第三个人的烟才不算失礼。

与英国人谈话，若坐着谈应避免两腿张得过宽，更不能跷起二郎腿；若站着谈不可把手插入衣袋。忌当着英国人的面耳语，不能拍打肩背。英国人忌用人像作商品装饰，忌用大象图案，因为他们认为大象是蠢笨的象征。英国人讨厌孔雀，认为它是祸鸟，把孔雀开屏视为自我炫耀和吹嘘。他们忌墨绿色，认为墨绿色会给人带来懊丧。他们忌黑猫，尤其黑猫若从面前穿过，更会使人恶心，认为这将预示这个人要遭不幸。他们忌送百合花，认为百合花意味着死亡。忌讳四人交叉式握手，据说这样交叉会招来不幸，可能是因为四个人的手臂正好形成一个十字架的原因。

打碎镜子和百叶窗突然不关自合，都是不吉利的象征。餐桌上碰撒食盐也是不祥之兆。忌讳在众人面前相互耳语，认为这是一种失礼的行为。

小知识

英国是中国人对大不列颠及北爱尔兰联合王国的称呼，它出自"英格兰"一词。其本意是"盎格鲁人的土地"，而"盎格鲁"的含意则为"角落"。

在国外，人们很少使用"英国"这一称呼，而大都使用其正式称呼。在世界上，英国又一个著名的绰号是"约翰牛"。过去，人们曾经将英国称之为"日不落帝国""世界工场"。

法国

位于欧洲大陆西部的法兰西共和国是一个风光秀丽、文化灿烂的国度。古称"高卢"。埃菲尔铁塔、凯旋门、巴黎圣母院、罗浮宫等建筑史上的惊世之作，构成了首都巴黎极具特色的名胜。

国花为鸢尾花，国鸟为雄鸡。

**礼貌礼节**

法国人待人彬彬有礼，礼貌语言不离口。在公共场所，他们从不大声喧哗，也不随便指手画脚、掏鼻孔、

法国的标志性建筑之一埃菲尔铁塔

剔牙、掏耳朵；男子不能提裤子，女子不能隔着裙子提袜子；女子坐时不能跷起二郎腿，双膝要靠拢。男女一起看节目，女子坐在中间，男子则坐在两边。不赠送或接受有明显广告标记的礼品，而喜欢有文化价值和艺术水准的礼品，不喜欢听蹩脚的法语。

法国人行接吻礼时，规矩很严格：朋友、亲戚、同事之间只能贴脸或颊，长辈对小辈是亲额头，只有夫妇或情侣才真正接吻。

法国人乐于助人，谈问题不拐弯抹角，但不急于作结论，作出结论后都明确告知对方。约会讲准时，不准时被认为是无礼貌。

**饮食习惯**

法国人早餐一般吃面包、黄油，喝牛奶、浓咖啡；午餐喜欢吃炖鸡、炖牛肉、炖火腿、焖龙虾、炖鱼等；晚餐一般很丰盛。法国人各种蔬菜都喜欢吃，但要新鲜；他们不喜辣味，爱吃冷盘。对冷盘中的食品，习惯自己切着吃。所以若用中餐招待他们，要在摆中餐具的同时摆上刀叉。法国人不太喜欢吃汤菜。

法国红酒世界闻名

法国人的口味特点是鲜嫩、肥浓，做菜用酒较重；肉类菜不烧得太熟，有的只有三四成熟，最多七八成熟；喜欢生吃牡蛎。菜肴的配料爱用大蒜、丁香、芹菜、胡萝卜和洋葱。此外法国人还爱吃蜗牛、青蛙腿及酥食点心。他们的家常菜是牛排和土豆丝，鹅肝是法国的名贵菜。法国人每天都离不开奶酪。他们不爱吃不长鳞片的鱼类，爱吃水果，而且餐餐要有。

法国人喜欢喝啤酒、葡萄酒、苹果酒、牛奶、红茶、咖啡、清汤等。

### 节日庆典

在法国每年 7 月 4 日是国庆节，5 月 8 日是停战节。11 月 1 日是法国人祭奠先人及为国捐躯者的节日，叫万灵节，也称诸圣节。体育节在每年 3 月中旬的第一个星期日。法国人过年，家中的酒要全部喝完，他们认为过年若不喝完家里的酒，来年就要交厄运。

### 喜好禁忌

法国人忌黄色的花，认为黄色花象征不忠诚；忌黑桃图案，视之为不吉利；忌仙鹤图案，认为仙鹤是蠢汉和淫妇的象征；视菊花为丧花。忌墨绿色，因为纳粹军服是墨绿色；对老年妇女称呼"老太太"被视为一种侮辱的语言。忌男人向妇女赠送香水和化妆品，因为它有过分亲热或图谋不轨之嫌。

此外法国人对 13 这个数字的忌讳，表现在方方面面：他们不住 13 号房间，不坐 13 号座位，不在 13 号这一天外出旅行，更不准 13 个人共进晚餐。在巴黎剧院里，还在 12 号与 14 号座位之间开一条人行通道，以避开 13 号。

忌别人打听他们的政治倾向、工资待遇以及个人的私事。

### 小知识

"艺术之邦""时装王国""葡萄之国""奶酪之国""名酒之国""美食王国"等等，都是世人给予法国的美称。巴黎是鼎鼎大名的"艺术宫殿""浪漫之都""时装之都"和"花都"。

## 三、美　洲

### 美国

美利坚合众国简称"美国"，位于北美大陆，全国面积 939.6 万平方公里，居世界第四位。

国花为玫瑰，国树为山楂树，国鸟为白头鹰。

### 礼貌礼节

美国是一个多民族的移民国家，历史不长，但经过 200 余年各民族相融、兼收并蓄，在习俗和礼节方面，形成了以欧洲移民传统为主的特色。美国人给人总的印象是：性格开朗，乐观大方，不拘小节，讲究实际，反对保守，直言不讳。

美国的自由女神像

美国人一般都性格开朗，乐于与人交际，而且不拘泥于正统礼节，没有过多的客套。与人相见不一定以握手为礼，而是笑笑，说声 Hi（你好）就算有礼了；分手时他们也是习惯地挥挥手，说声"明天见""再见"。如果别人向他们行礼，他们也会用相应的礼节作答，如握手、点头、行注目礼、行吻手礼等。行接吻礼只限于对特别亲近的人，而且只吻面颊。对美国妇女，不要存男女有别的观念，要充分尊重她们的自尊心。见面时，如果她们不先伸手，不能抢着要求握手；如她们已伸手，则要立即作出相应的反应，但不能握得又重又紧，长时间不松手。

接待美国人时要注意他们有晚睡晚起的习惯。他们在与人交往中能遵守时间，很少迟到。他们通常不主动送名片给别人，只是双方想保持联系时才送。当着美国人的面如想吸烟，需先问对方是否介意，不能随心所欲、旁若无人。

现代的美国人平时不太讲究衣着，爱穿什么，就穿什么，具有个性，只有在正式的社交场合才讲究服饰打扮。年青一代的美国人更是随便些，旅游时为了轻便，往往穿着T恤衫、牛仔裤、休闲鞋，背个包就出门了。美国妇女日常有化妆的习惯，但不浓妆艳抹，在她们眼里自己化淡妆是种需要，也是表示尊重别人。在美国崇尚"女士第一"，在社会生活中"女士优先"是文明礼貌的体现。

美国人讲话中礼貌用语很多，"对不起""请原谅""谢谢""请"等等脱口而出，显得很有教养。他们在同别人交谈中喜欢夹带手势，有声有色。但他们不喜欢别人不礼貌地打断他们讲话。另外如同其他外国人一样，美国人很重视隐私权，忌讳被人问及个人私事；交谈时与别人总保持一定的距离，所以与美国人谈话不得靠得太近，也不能太远，不然会被认为失礼。

**饮食习惯**

美国人的饮食习惯有几个明显的特点：一是忌油腻，喜清淡。新鲜的蔬菜生的、冷的都吃。鸡、鸭、鱼、带骨的食品要剔除骨头后才做菜。二是喜欢吃咸中带甜的食品；烹调的方法偏爱煎、炒、炸，但不用调味品，而是把番茄沙司、胡椒粉、精盐、辣酱油等调味品放在桌上，任进餐者按自己的口味自由调配。三是美国人讨厌奇形怪状的食品，如鳝鱼、鸡爪、海参、猪蹄之类，清蒸的、红烧的均不吃；脂肪含量高的肥肉和胆固醇含量高的动物内脏也不吃。他们倒对我国北方的甜面酱、南方的海鲜酱有兴趣。他们平时自己做菜时喜欢用水果作配料，用苹果、紫葡萄和凤梨等来烧肉类、禽类食品。水果也用在做冷菜上，以色拉油调和，不用色泽深沉的酱油。

美国人一般不喝中国茶，爱喝冰水、冰矿泉水、冰啤酒和冰可口可乐等软性饮料和冰牛奶，而且越冰越好。餐前习惯喝些果汁，如橙汁、番茄汁；用餐过程中饮啤酒、葡萄酒等；餐后有喝咖啡助消化的习惯。在饮料上，美国人的消费量很大。

**节日庆典**

美国的国庆称"独立节"，在每年的7月4日。圣诞节是美国人最重视的节日。固定的节日还有感恩节，也叫火鸡节，在每年11月的第4个星期四举行。定在每年6月第3个星期日的父亲节和5月2日的母亲节都是为了感激父母含辛茹苦养育之恩的传统节日。美国的青年人不喜欢过愚人节。

**喜好禁忌**

在美国，人们崇拜英雄和伟人，但同时崇拜自己，追求个人价值的实现，敢于冒险和迎接挑战。因此他们不炫耀自己的祖先和父辈，而喜欢关于现在和未来的话题。

美国人忌"13""星期五"等，认为这些数字和日期都是厄运和灾难的象征。他们还忌蝙蝠图案的商品和包装，认为这种动物吸人血，是凶神的象征。美国人忌讳与穿着睡衣的人见面，这是严重失礼的，因为他们认为穿睡衣就等于不穿衣服。美国人不提倡人际间交往送厚礼，否则要被涉嫌认为别有所图。忌问个人的财产、收入，对妇女忌问婚否及年龄，忌"老"是美国人普遍的心理。忌向妇女送香水、衣物和化妆用品。

如果有人买了件物品给你看，你可以欣赏的口吻夸奖几句，而不要打听价格。探望病人时，忌久谈久坐。

美国人素爱白色，特别喜欢纯白色的猫。他们认为白色既象征纯洁，又能带来好心境和好运气；对蓝色也很喜欢，认为它是文明、信仰和生命力的象征。

**小知识**

在动物中，美国人普遍爱狗。美国人认为狗是人类最忠实的朋友。对于那些自称爱吃狗肉的人，美国人是非常厌恶的。在美国人眼里，驴代表坚强，象代表稳重，他们分别是共和党、民主党的标志。

### 加拿大

加拿大位于北美洲北部。其西部与南部同美国交界，东临大西洋，西濒太平洋，北靠北冰洋。就国土面积而言，加拿大名列世界第二。加拿大是一个盛产枫叶的美丽国度，也被人们称为"枫叶之国"。国花为枫叶，国树为枫树。全国面积997万平方公里。

加拿大国旗也是枫叶图案

### 礼貌礼节

加拿大是一个年青富庶的国家，人们喜爱现代艺术，酷爱体育运动。由于该国地理纬度高，气候寒冷，加上众多的巨大的天然场地，雪上运动项目开展得相当普及。

加拿大人讲究实事求是，与他们交往不必过于自谦，不然会被误认为虚伪和无能。加拿大人性格上开朗热情，对人朴实而友好，十分容易接近，相处起来不存在任何麻烦。在加拿大，人们相遇时，都会主动向对方打招呼、问好。即便彼此不认识，通常也往往会这么做。加拿大人虽然有时也以拥抱或亲吻作为见面礼节，但是这通常仅仅适用于亲友、熟人、恋人或夫妻之间。关系普通者，一般都不会以此作为见面礼节。加拿大人通常行握手礼，讲究使用礼貌语言。

与加拿大土著居民进行交际时，千万不要自以为聪明的将其称为"印第安人"或"爱斯基摩人"。前者被认为暗示其并非土著居民，后者的本意则是"食生肉者"，因而具有侮辱之意。对于后者，应当采用对方所认可的称呼，称之为"因纽特人"，对于前者，则宜以对方具体所在的部族之名相称。

### 饮食习惯

在饮食口味上，加拿大人喜食甜酸的、清淡的、不辣的食品，烹调中不用调料，上桌后由用餐者随意自由选择调味品。除烤的牛排、羊排、鸡排外，他们也爱吃野味。来中国后，他们乐意接受中国的名菜。

平时，加拿大人早餐吃牛奶、土司、麦片粥、煎（煮）鸡蛋和果汁。在饮料的品种上与美国人的选择相仿，只是不像美国人那样强调"一定要冰镇"。加拿大人喜欢喝下午茶，苹果派、起司等甜食品是他们在喝咖啡时喜爱品尝的。可能是天气寒冷的缘故，不少加拿大人嗜好饮酒。威士忌、白兰地、伏特加都很受欢迎。

晚餐（正餐）是加拿大人最重视的一餐。他们注意营养，要喝原汁原味的清汤；他们也讲究饮食上的科学，不吃胆固醇含量高的动物内脏，也不吃脂肪量高的肥肉。

### 节日庆典

加拿大人多为欧洲血统，宗教信仰上又沿袭祖先的崇拜，所以该国的节庆都是西方国家共有的，如圣诞节、感恩节等。

### 喜好禁忌

加拿大人与西方一样忌13、星期五。

加拿大人还忌讳别人赠送白色的百合花，因为加拿大人只有在葬礼上才使用这种花，这点要千万注意。颜色方面，他们一般不喜欢黑色和紫色。在宴席上，他们喜用双数（偶数）安排座次。加拿大人忌说"老"字，年纪大的人被称为"高龄公民"，连"养老院"也被称为"保育院"。

加拿大哈德逊湾的居民忌讳铲雪，哪怕积雪阻塞了交通，堆满了住宅四周，也不能铲除，因为他们视白雪为吉祥物，认为雪积得多就可以防止邪魔的入侵和伤害。

加拿大人还很不喜欢外来人把他们的国家和美国作比较，尤其是拿美国的优越方面与他们相比，更是令人不能接受，他们认为这是一种不友好的行为。

### 四、非 洲

埃及

埃及的正式名称叫做阿拉伯埃及共和国。位于中东地区，大部分国土位于非洲的东北部。埃及西部与利比亚为邻，东部与以色列交界，并且隔红海与沙特阿拉伯相望，南部与苏丹接壤，北部则濒临大西洋。埃及的全国总面积约有100.2万平方公里，海岸线约长达2700公里。

国花为莲花，也称作"埃及之花"。

### 礼貌礼节

在人际交往中，埃及人所采用的见面礼节主要是握手礼。与跟其他伊斯兰国家的人士打交道时禁忌相同，同埃及人握手时，最重要的是忌用左手。

除握手礼之外，埃及人在某些场合还会使用拥抱礼或亲吻礼。埃及人所采用的亲吻礼，往往会因交往对象的不同，而采用亲吻不同部位的具体方式。其中最常见的形式有三种。一是吻面礼，它一般用于亲友之间，尤其是女性之间。二是吻手礼，它是向尊长表示敬意或是向恩人致谢时所用的。三是飞吻礼，多见于情侣之间。

埃及人在社交活动中，跟交往对象行过见面礼节后，往往要双方互致问候。"祝你平安""真主保佑你""早上好""晚上好"等等，都是他们常用的问候语。

在打招呼或问候时，埃及人讲究年轻者要首先问候年长者，位低者要首先问候位高者，步行者要首先问候骑乘者，一个人要首先问候多数人。

跟埃及人打交道时，可以采用国际上通行的称呼，倘若能够酌情使用一些阿拉伯语的尊称，通常会令埃及人更加开心。这类尊称主要有："赛义德"，意即"先生"，可用于称呼任何男性；"乌斯塔祖"，意即"教授"，可用以称呼有地位的人；"莱文斯"，意即"主席"，其用法与"乌斯塔祖"相同；"答喀突拉"，意即"博士"，可用于称呼政府官员。

埃及人非常好客，贵客临门，会令其十分愉快。去埃及人家里做客时，应注意以下三点：其一，事先预约，并要以主人方便为宜，通常在晚上六点后以及斋月期间不宜进行拜访；其二，按惯例，穆斯林家里的女性，尤其是女主人是不待客的，故切勿对其打听或问候；其三，就座之后，切勿将足底朝外，更不要朝向对方。

**饮食习惯**

埃及人以一种称为"耶素"的不使用酵母的平圆形面包为主食，并且喜欢将它同"富尔""克布奈""摩酪赫亚"一起食用。"富尔"即煮豆，"克布奈"即"白奶酪"，"摩酪赫亚"则为汤类。

埃及人很爱吃羊肉、鸡肉、鸭肉、土豆、豌豆、南瓜、洋葱、茄子和胡萝卜。他们口味较淡，不喜油腻，爱吃又甜又香的东西。冷菜、带馅的菜以及用奶油烧制的菜，特别是被他们看做是象征着"春天"与勃勃生机的生菜，均受欢迎。埃及人尤其是喜欢吃甜点。在他们举行的正规宴会上，最后一道菜必为甜点无疑。此外他们还习惯于以自制的甜点待客。客人要是婉言谢绝，一点儿也不吃，会让主人极为失望，而且也是失敬于主人的。

在饮料上，埃及人酷爱酸奶、茶和咖啡。在待客之时，主人往往在客人一登门之后，便送上茶水，对于主人所上的茶水，客人必须喝光。要不杯中留一些茶水的话，是会触犯埃及的禁忌的。埃及人遵照伊斯兰教教规，是不喝酒的。

**节日庆典**

埃及一年有 25 个节日，比较有代表性的是尼罗河泛滥节。每年 6 月 17 日或 18 日尼罗河即将泛滥之际，人们庆祝一次；8 月 28 日当洪水涨到最高位置时，人们再庆祝一次。节庆中，有祭尼罗河河神的仪式，还有划船竞赛以及放焰火等活动。

**喜好禁忌**

埃及人以猫作为本国国兽。他们认为，猫是神圣的精灵，是女王在人间的象征，同时也是幸运的吉祥物。埃及人还很喜欢美丽华贵的仙鹤，认为它代表着喜庆与长寿。除讨厌猪之外，外形被认为与猪相近的大熊猫也为埃及人所反感。

埃及人最喜爱被其称为"吉祥之色"的绿色与"快乐之色"的白色。他们讨厌的色彩一是黑色，二是蓝色。在数目方面，"5"与"7"深得青睐。在他们看来，"5"会带来吉祥，"7"则意味着完美。对信奉基督教的科普特人而言，"13"则是令人晦气的数字。

在埃及民间，人们对葱很是看重，认为它代表了真理。可是对于针，人们却又非常忌讳，在埃及，"针"是骂人的词。

与埃及人交谈时，应注意下述问题：一是男士不要主动找妇女攀谈；二是切勿夸奖妇女身材窈窕，因为埃及人以体态丰腴为美；三是不要称道埃及人家中的物品，在埃及这种做法会被人理解为索要此物；四是不要与埃及人讨论宗教纠纷、中东政局以及男女关系。

## 南非

南非的正式名称是南非共和国，位于非洲大陆的最南端，北部与纳米比亚、博茨瓦纳、津巴布韦、莫桑比克、斯威士兰诸国交界，东、南、西三面则分别为印度洋和大西洋所环抱。南非的国土总面积约为 122.1 万平方公里，盛产钻石，是举世闻名的"钻石之国"。

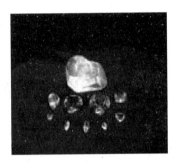

璀璨的南非钻石

### 礼貌礼节

南非社交礼仪的主要特点，可以概括为"黑白分明"，"英式为主"。在较为正式的官方活动与商务交往中，这些特点表现得尤为突出。

说到南非的社交礼仪"黑白分明"，指的主要是：由于受到各自种族、宗教、习俗的制约，南非的黑人与白人所遵从的社交礼仪，往往差别不小，甚至大相径庭。这方面的特点，可以说是遍及待人接物的方方面面。比方说，在人际交往中，南非的黑人往往会感情外露，形体语言十分丰富；而南非的白人则大多显得较为矜持，他们讲究的是喜怒不形于色。

以目前而论，在社交场合，南非人所采用的见面礼节主要是握手礼，他们对交往对象的称呼则主要是"先生""小姐"或"夫人"。遵循西方人所讲究的绅士风度、女士优先、守时践约等等基本礼仪。

要对南非黑人表示尊敬，一个重要的做法，就是要对他们特殊的社交礼仪表示认同，而万万不可大惊小怪，讥笑非议。

丰富多彩的部族文化

有的时候，在黑人部族中，尤其是在广大农村，南非黑人的待人接物往往会表现出不同于主流社会的另外一种风格。

在行见面礼时，有些黑人会行拥抱礼，有些黑人会行亲吻礼，有些黑人则会行一种形式独特的握手礼，即先用左手握住自己右手的手腕，然后再用右手去与人握手。

**饮食习惯**

在饮食习惯上，南非人同样是"黑白分明"的。当地的白人平日以吃西餐为主，他们经常吃牛肉、鸡肉、鸡蛋和面包，并且爱喝咖啡与红茶。

在一般情况之下，南非黑人的主食是玉米、薯类、豆类。在肉食方面，他们喜欢吃牛肉和羊肉，但是一般不吃猪肉，也不大吃鱼。与其他许多国家的黑人有所不同的是，南非的黑人不喜欢生食，而是爱吃熟食。

南非最著名的饮料，是被称为"南非国饮"的如宝茶。"如宝茶"，在英语里本意是"健康美容的饮料"。它深受南非各界人士推崇，与钻石、黄金一道，被称为"南非三宝"。

与南非的印度人打交道时，务必要注意：信仰印度教者不吃牛肉，信仰伊斯兰教者不吃猪肉。

**喜好禁忌**

信仰基督教的南非人，最为忌讳"13"这一数字。对于"星期五"，特别是与"13日"同为一天的"星期五"，他们更是讳言忌提，并且在这一天尽量避免外出。

南非的黑人，特别是乡村的黑人，特别忌讳外人对其祖先在言行举止上表现出失敬。

在许多黑人部族里，妇女的地位比较低下。被视为神圣宝地的一些地方，诸如火堆、牲口棚等处，绝对是禁止妇女接近的。

跟南非黑人交谈时，有四个方面的话题切莫涉及：其一，不要为白人评功摆好。其二，不要评论不同黑人部族或派别之间的关系及其矛盾。其三，不要非议黑人的古老习俗。其四，不要为对方生了男孩而表示祝贺，在许多部族中，这件事并不令人欣喜。

## 五、大洋洲

### 澳大利亚

澳大利亚的正式名称是澳大利亚联邦。它位于南半球，地处太平洋与印度洋之间，四面临海。澳大利亚东濒珊瑚海与塔斯海，西、北、南三面皆临印度洋；北与印度尼西亚、巴布亚新几内亚相望，东与新西兰、新喀里多尼亚相望。澳大利亚是一块得天独厚的土地，有海洋性的温暖气候和大片天然牧场，羊毛产量占世界三分之一，资源丰富、出口商品多、工业发达、人民生活水平很高，是我国主要旅游客源国之一。

美丽的悉尼歌剧院像扬帆远航的帆船

金合欢花与桉树是澳大利亚人最喜欢的植物，并且被视为澳大利亚的象征。因此它们分别被定为澳大利亚的国花与国树。蛋白石是澳大利亚人珍爱的一种宝石，同时也是该国的国石。

### 礼貌礼节

在澳大利亚人的交往应酬中以见面礼节而论，既有拥抱礼、亲吻礼，也有合十礼、鞠躬礼、握手礼、拱手礼、点头礼，可谓五光十色，无奇不有。

当地土著居民在见面时所行的勾指礼，便极具特色。它的做法是，相见的双方各自伸出手来，令双方的中指紧紧勾住，然后再轻轻地往自己身边一拉，以示相亲、相敬。

或许是因为澳大利亚地广人稀，澳大利亚人普遍乐于同他人进行交往，并且表现得质朴、开朗、热情。过分地客套或做作，均会令其不快。在讲英语的国家中，澳大利亚人可能是最无拘无束，轻松自在，爱交朋友了。在公共场合，他们爱跟陌生人打招呼、聊天，并且爱请别人到自己家里做客。

### 饮食习惯

澳大利亚人的饮食习惯可谓多种多样。就主流社会而言，人们一般喜欢英式西餐。其特点是口味清淡，不喜油腻，忌食辣味。有不少的澳大利亚人还不吃味道酸的东西。

具体而言，澳大利亚人大多爱吃牛羊肉，对鸡肉、鱼肉、禽蛋也比较爱吃。他们的主食是面包，爱喝的饮料则有牛奶、咖啡、啤酒与矿泉水，等等。一般来讲，澳大利亚人不吃狗肉、猫肉、蛇肉，不吃动物的内脏与头、爪。对于加了味精的食物，他们十分厌恶。他们认定味精好似"毒药"，令人作呕。

在用餐时，澳大利亚人是使用刀、叉的。有些地方，比如达尔文市，人们外出用餐时必须衣冠楚楚，否则将被禁止入内。在进食的时候，他们经常生食，并且惯于以抓食。

### 喜好禁忌

澳大利亚人最喜爱的动物是袋鼠与琴鸟。在澳大利亚人眼里，兔子是一种不吉利动物。他们认为，碰到了兔子，可能是厄运将临的预兆。在数目方面，受基督教的影响，澳大利亚人对于"13"与"星期五"普遍反感至极。

同澳大利亚人打交道时，还有下列四点事项需要特别注意：

澳大利亚袋鼠

第一，澳大利亚人不喜欢将本国与英国处处联系在一起。虽然不少人私下里会对自己与英国存在某种关系而津津乐道，但在正式场合，他们却反感于将两国混为一谈。

第二，澳大利亚人不喜欢听"外国"或"外国人"这一称呼。他们认为，这类称呼抹杀个性，是哪一国家，是哪个国家的人，理当具体而论，过于笼统地称呼是失敬的做法。

第三，澳大利亚人对公共场合的噪声极其厌恶。在公共场所大声喧哗者，尤其是门外高声喊人的人，是他们最看不起的。

第四，澳大利亚的基督教徒有"周日做礼拜"之习。他们的这种做法"雷打不动"，想在这天与他们进行约会，往往"难于上青天"。

# 思考训练

## 一、基础练习

请你在互联网上搜索出下列国家的国花和它们的相关信息：

韩国——（　　　　）

俄罗斯——（　　　　）

意大利——（　　　　）

荷兰——（　　　　）

智利——（　　　　）

马来西亚——（　　　　）

柬埔寨——（　　　　）

西班牙——（　　　　）

比利时——（　　　　）

墨西哥——（　　　　）

新西兰——（　　　　）

瑞士——（　　　　）

波兰——（　　　　）

尼泊尔——（　　　　）

瑞典——（　　　　）

缅甸——（　　　　）

老挝——（　　　　）

菲律宾——（　　　　）

朝鲜——（　　　　）

希腊——（　　　　）

埃塞俄比亚——（　　　　）

奥地利——（　　　　）

丹麦——（　　　　）

卢森堡——（　　　　）

## 二、实景体验

请你对以下的行为进行判断，是对还是错？对的在括号内打"√"，错的在括号内打"×"，并正确运用在自己的工作和生活中。

1. 我们在安排日本客人住饭店或进餐时，不要安排他们住 4 号楼、第 4 层或 4 号餐桌。（　　　　）

2. 在新年到来之际，新加坡人喜欢说"恭喜发财"，以期待来年有好兆头。（　　　　）

3. 泰国人进寺庙烧香拜佛或参观时，必须衣冠整洁，走进大殿时，每个人必须脱下鞋子方可进去。（　　　　）

4. 澳大利亚人最喜爱的动物是袋鼠与兔子。（　　　　）

5. "南非国饮"如宝茶，与钻石、黄金一道，被世人称为"南非三宝"。（　　　　）

6. 我们要特别注意：同埃及人握手时，最重要的是忌用左手。（　　　　）

7. 与加拿大土著居民进行交际时，我们可以根据习惯将其称为"印第安人"或"爱斯基摩人"。（　　　　）

8. 美国人热情开朗，我们在跟他们聊天的时候，为表示亲切，可以询问诸如政治倾向、个人收入、婚否及年龄等问题。（　　　　）

9. 与法国人行接吻礼，要记住规矩是很严格的：朋友、亲戚、同事之间只能贴脸或颊，长辈对小辈是亲额头，否则会闹出笑话的！（　　　　）

10. 对英国人表示胜利的手势"V"时，一定要注意手心对着对方，否则会招致不满。（　　　　）

## 三、面对面

在欧美地区有圣诞节、复活节、狂欢节、情人节、母亲节等有影响的传统节日，请你查找到相关的信息和资料，并将它们的来历和故事向你的同学或朋友作介绍吧！

# 附　录

## 国际、国内主要航空公司服务理念简介

### 新加坡航空公司

新加坡航空公司（简称新航）是新加坡国有航空公司，IATA 缩写为 SQ。该公司为星空联盟的成员之一，还拥有一个下属子公司胜安航空。

卓越的客户服务是新加坡航空公司成功的要素之一。优秀的机舱服务奠定了其在业内客户服务方面的良好声誉。目前新加坡航空公司已成为业内发展潮流的引领者。行业领先的创新举措包括于 20 世纪 70 年代在经济舱内首次提供免费的耳机、用餐选择和免费饮料，以及在 1991 年首次提供基于人造卫星的舱内电话。2001年，新加坡航空公司首先向所有乘客开通全球舱内电子邮件系统。还在航班上特别推出由其国际美食烹调团队通过各种烹饪方法烹制而成的美食。

新加坡航空公司赢得了许多航空行业和旅游业的大奖，包括过去 20 年以来 19 次获得 Conde Nast Traveller 杂志颁发的"最佳国际航空公司"奖。

### 芬兰航空公司

芬兰航空公司是全球历史最悠久的航空公司之一，成立于 1923 年 11 月 1 日，是世界上最早成立的六家航空公司之一。公司的总部设在欧洲重要的航线枢纽——赫尔辛基。芬航也是"寰宇一家"（oneworld）成员之一，借助"寰宇一家"遍布全球的航线网络系统，旅客在全球轻松旅行的同时还可以享受到"寰宇一家"成员航空公司的奖励积分。

1988 年 6 月 2 日，芬航正式开通了赫尔辛基至北京的直达航线，飞行时间 8 小时，是欧洲到北京最便捷的途径。赫

尔辛基至北京航线的开通，是世界上开通的第一班北京与欧洲之间的直飞民航班机。随着 2002 年 2 月 7 日香港航线，2003 年 9 月 3 日上海航线以及 2005 年 9 月 5 日广州航线的开通，芬航在中国成功地构筑起华北、华南、华东通往欧洲的空中网络，向各国乘客提供经赫尔辛基中转去欧洲其他国家的服务，成为连接东西方的快速通道。

为了满足日益增长的市场需求，芬航还增加了北京、上海、广州及香港航线的班次。北京航线和上海航线增至每日一班，广州航线增至每周 4 班。香港线改为直航，5 至 7 月为每周 3 班，8 至 10 月为每周 4 班。

自成立之日起，芬航就依靠优质的服务和丰富的经验，为世界各地的旅客创造着愉快舒适的旅途环境。本地化的服务，屡获殊荣的餐食，以及在所有洲际航班上推出的公务舱平躺式座椅，使乘坐芬航的旅客能以最快的速度，安全、舒适、准时地抵达目的地。

### 阿联酋国际航空公司

总部设于迪拜的阿联酋国际航空公司是全球发展最快的航空公司之一，也是全球 20 大航空公司中盈利最高的五家之一。由于表现卓越，已荣获国际奖项超过 200 个，阿联酋国际航空公司的服务范围覆盖欧洲、中东、远东、非洲、亚洲及大洋洲 47 个国家的 67 个目的地。2002 年开辟了迪拜至中国内地的货运航班。2004 年 4 月 10 日，该公司开通了上海至迪拜的直航客运航班。上海由此成为阿联酋航空公司在中国内地最主要的货运与客运空港基地。并且，从 2004 年 4 月 10 日开始，阿联酋航空公司开通了从德国杜塞尔多夫、法兰克福和慕尼黑飞往上海的航班，途经迪拜。

在过去的几年中，阿联酋国际航空获得了英国 Official Airline Guide 旅游服务公司颁发的全球最佳航空公司大奖。1999 年被英国每日电讯报评为最佳国际航空公司。因其出色的表现，阿联酋国际航空公司总计已荣获超过 200 个国际奖项。

### 国泰航空公司

国泰航空有限公司，简称"国泰航空"。英文名称为 Cathay Pacific Airways Ltd. 总部设在香港大屿山香港国际机场观景路国泰城。

国泰航空公司成立于 1946 年，是一家在香港注册的以香港为基地的国际航空公司，是香港最主要的航空公司，提供定期客运及货运服务往全球目的地。国泰航空除投资机队外，投资范围还包括航空饮食、飞机维修和地勤服务。主要业务是经营定期航空业务、航空饮食、航机处理及飞机工程。

1994 年，国泰航空全面更换企业形象，推出"展翅"商标，并把机身原本的绿、白间条设计改变成展翅标志。

国泰航空公司致力服务香港，不断进行投资，发展香港的航空业及提高香港作为区内航空枢纽的地位。其目标是成为全球最受赞赏之航空公司。

国泰航空历年来获奖无数，不论安全、服务等各方面皆得到高度评价。2007 年 5 月起，国泰航空公司引进设计新颖的座椅、新的机舱装潢及机上娱乐设施，为长途旅程带来革命性的新体验。

国泰航空公司飞行常客计划马可孛罗会，马可孛罗会会员可享有一系列服务。搭乘国泰航空公司的航班可累积亚洲万里通里数以兑换免费机票、升舱奖励、同行贵宾机票及其他生活品位奖励。国泰航空公司参加了所有"寰宇一家"成员航空公司的飞行常客计划，也参加了多个其他伙伴航空公司的飞行常客计划。国泰航空在香港国际机场及世界多个主要机场设有贵宾室，为头等及商务客位乘客提供服务。香港国际机场的贵宾室是位于 6 楼及 7 楼的寰宇堂，设有阅读室、健身室、私人浴室、酒吧及餐厅等设施。

### 德国汉莎航空股份公司

德国汉莎航空股份公司常简称为汉莎航空或德航，其德文原意是指"空中的汉莎"，"汉莎"源自 13 至 15 世纪北德地区强大的商业联盟汉莎同盟。汉莎航空是德国最大的航空公司，也是德国的国家航空公司（Flag Carrier），总部设于科隆，主机场在法兰克福。

德国汉莎航空公司是世界十大航空公司之一。汉莎目前拥有六个战略服务领域，包括客运、地勤、飞机维修、航空餐食、旅游和 IT 服务。在全球拥有 400 多家海外子公司及附属机构。

1997 年，汉莎与另外四家世界顶级航空公司成立了全球第一个航空联盟——"星空联盟"。今天，"星空联盟"已成为全球最大的航空联盟，拥有 14 家成员航空公司，每天提供 11000 个航班飞往 124 个国家的 729 个航空目的港。得益于"星空联盟"的全球飞行网络，汉莎不仅为乘客提供畅顺便捷的飞行服务，也为乘客奉上灵活的旅行选择。

目前，汉莎是中国市场上最大的欧洲航空公司，拥有中欧航线上最频繁的直飞航班，每周 28 个直飞航班覆盖中国三大门户城市北京、上海、香港。

### 中国国际航空股份有限公司

中国国际航空股份有限公司简称"国航"，英文名称为"Air China Limited"，简称"Air China"。国航的企业标志由一只艺术化的凤凰和邓小平先生写的"中国国际航空公司"以及英文"AIR CHI-NA"构成。国航 2005 年底推出的企业文化以服务为主线，全面阐述了国航新时期的价值观。国航的

远景定位是"具有国际知名度的航空公司"，其内涵是实现"主流旅客认可，中国最具价值，中国赢利能力最强，具世界竞争力"的四大战略目标；企业精神强调"爱心服务

世界，创新导航未来"，企业使命是"满足顾客需求，创造共有价值"；企业价值观是"服务至高境界、公众普遍认同"；服务理念是"放心、顺心、舒心、动心"。国航的企业文化表达了向世界传播爱心、追求卓越服务品质的理念。

国航是中国唯一载国旗飞行的航空公司，具有很高的品牌价值。国航承担着中国国家领导人出国访问的专机任务，也承担许多外国元首和政府首脑在国内的专包任务，这是国航独有的国家载旗航的尊贵地位。

国航拥有广泛的高品质客户群体。搭乘国航的乘客71%为公、商务旅客，国航的常旅客俱乐部会员到2005年底已达到301万人。2004年8月，国航成为2008年北京奥运会唯一正式的航空客运合作伙伴。

国航拥有一支业务技术精湛、作风严谨、服务良好的飞行员和乘务员队伍，一直以良好的安全记录著称。从事客舱的3200名空中乘务员，包括服务于国航的日本籍、韩国籍、德国籍乘务员，多数拥有大学专科以上学历，具有良好的职业素质和敬业精神。她们持续推进让旅客"放心、顺心、舒心、动心"的"四心服务"工程，其服务品质一直受到广大旅客的赞赏。

2004年和2005年，国航连续两年在"旅客话民航"活动中获得承运1500万人次以上旅客航空公司"用户满意优质奖"；2006年6月，国航被世界品牌实验室评为中国500最具价值品牌第32名，位列国内航空服务业第一名；美国著名评级机构标准普尔评出的中国上市公司百强中国航位列第十六位，居中国民航之首。

### 中国南方航空股份有限公司

中国南方航空股份有限公司总部设在广州，以蓝色垂直尾翼镶红色木棉花为公司标志。有新疆、北方、北京、深圳、海南、黑龙江、吉林、大连、河南、湖北、湖南、广西、珠海等多个分公司和厦门、汕头、贵州、珠海等控股子公司；共设有21个国内营业部，43个国外办事处。

中国南方航空股份有限公司坚持"以人为本"的管理理念，倡导"对员工关心，对客户热心，对同事诚心，对公司忠心，对业务专心"的企业文化。南航拥有超过360万名会员、里程累积机会最多、增值最快的常旅客俱乐部——明珠俱乐部。在北京首都机场设有国内首个航空公司专用航站楼。其"明珠"常旅客服务、"红棉阁"地面头等舱、公务舱服务、"纵横中国"中转服务、"95539"顾客呼叫中心等多项服务在国内民航系统处于领先地位。南航于2004年1月获美国优质服务科学协会授予的全球优质服务荣誉——"五星钻石奖"。

### 中国东方航空集团公司

中国东方航空集团公司是中国三大国有大型骨干航空企业集团之一，于2002年在原

东方航空集团的基础上，兼并中国西北航空公司，联合云南航空公司重组而成。集团总部位于上海，拥有贯通中国东西部，连接亚洲、欧洲、澳洲和美洲的庞大航线网络。

中国东方航空股份有限公司是东航集团的核心企业，成立于 1988 年 6 月，是中国民用航空企业三强之一。其品牌在海内外享有广泛声誉，创造过全国民航服务质量评比唯一"五连冠"记录，还荣获国际航空业界的"五星钻石奖"。

在服务方面，2006 年东航成为 2010 年上海世博会航空客运合作伙伴。据中国民航总局统计，东航航班正点率领先于国内平均水平，蝉联了中国民航总局"旅客话民航"活动"用户满意优质奖"。

### 中国海南航空股份有限公司

中国海南航空股份有限公司是中国民航第一家 A 股和 B 股同时上市的航空公司。公司于 1993 年 1 月由海南省航空公司经规范化股份制改造后建立，1993 年 5 月 2 日正式开航运营。

海航开航运营 10 多年来保持了良好的安全记录，2000 年、2003 年夺取中国民航安全生产最高奖项——"金鹰杯"。其服务质量也在业界和旅客中创造了良好口碑，六次获得"旅客话民航"活动"用户满意优质奖"；多次获得全民航航班正常率评比第一名，连续六年航班正常率超过 80%，成功塑造了中国民航航班正点率第一优秀服务品牌。

海航凭借"内修中华传统文化精粹，外融西方先进科学技术"的中西合璧的企业文化，创造了一个新锐的航空公司；倡导"以旅客为尊，以市场为中心"的服务理念，改变了长期以来航空服务仅限于提供机上服务的传统观念，提出了"航空产品"的概念，率先推出了"全系列产品，个性化服务"的全新服务理念，为旅客提供全方位无缝隙的超值服务。

### 中国厦门航空有限责任公司

中国厦门航空公司是 1984 年 7 月 25 日成立的全国第一家企业化航空公司，现在股东为中国南方航空股份有限公司（占 60% 股权）和厦门建法集团有限公司（占 40% 股权）。

自 1995 年全国民航开展安全责任目标管理以来，厦航连续三年获国家民航总局授予的航空安全最高荣誉——"金雁杯"奖，并荣获全民航唯一的"航空安全金雁杯'连贯'单位"荣誉称号。1999 年及 2001 年荣获航空安全"金鹰杯"奖。

### 中国深圳航空有限责任公司

中国深圳航空有限责任公司（以下简称深航）1992 年 11 月成立，1993 年 9 月 17 日正式开航，是由深圳汇润投资有限公司、中国国际航空股份有限公司、全程物流（深圳）有限公司和亿阳集团有限公司四家企业共同投资经营的股份制航空运输企业，主要经营航空客、货、邮运输业务。

成立十多年来，深航始终坚持以安全为基础、以服务为品牌、以市场为导向、以创新为灵魂、以效益为目标的经营方针；本着"安全第一，正常飞行，优质服务，提高效益"的经营理念，一心一意办企业，在特区这块沃土上，飞速发展，茁壮成长，取得了"13 年安全飞行、12 年持续赢利、服务不断创新"的骄人业绩，成为中国民航界资产优良、主业突出、人机比例最低、最具有活力和生机的航空公司。

### 中国上海航空股份有限公司

中国上海航空公司成立于 1985 年，是中国国内第一家多元投资商业化运营的航空公司。

上航拥有高质量的服务水准、先进的企业文化和卓有成效的经营管理。2005 年，上航荣获中国民航"旅客话民航"第一名。上航航班正点率始终保持了行业先进水平，2003 年获得全国民航第一名、2004 年和 2005 年获得全国民航航班准点第二名。

2006 年是上航实施"十一五"发展规划的第一年。上航将立足上海航空枢纽港，不断拓展国际发展空间，朝着把上航办成"国内最好，顾客首选，具有国际水平"和"国际化、枢纽化、集团化航空公司"的目标努力奋斗。

### 中国四川航空股份有限公司

中国四川航空股份有限公司成立于 2002 年 8 月 29 日，是由四川航空公司为主，联合中国南方航空股份有限公司、上海航空股份有限公司、山东航空股份有限公司、成都银杏餐饮有限公司共同发起建立的跨地区、跨行业、跨所有制、投资主体多元化的股份制航空公司。

川航大力打造"美丽时尚，精品服务"的品牌形象，受到国内旅客的好评，特别是四川的餐饮、酒店等服务行业纷纷以其为标准，打出了航空式服务的口号，就连川航的标志性服装也被效仿。而川航在服务特色上不断创新，力求服务的地域化、个性化，使川内的旅客在飞机上有归家的感觉，使外地旅客一上川航的飞机，就能感受到浓烈的巴蜀文化氛围。在"2006 年度旅客话民航"测评活动中，川航再次捧得了"用户满意优质奖"这一民航业内颇具含金量的奖杯。